Geschenke aus *meiner* Küche

Annik Wecker

Geschenke aus *meiner* Küche

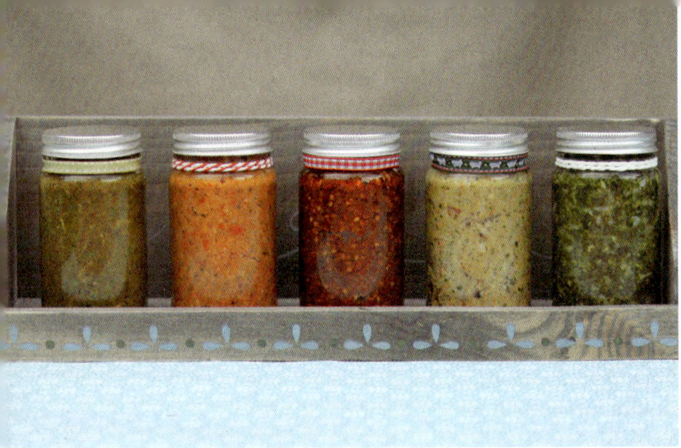

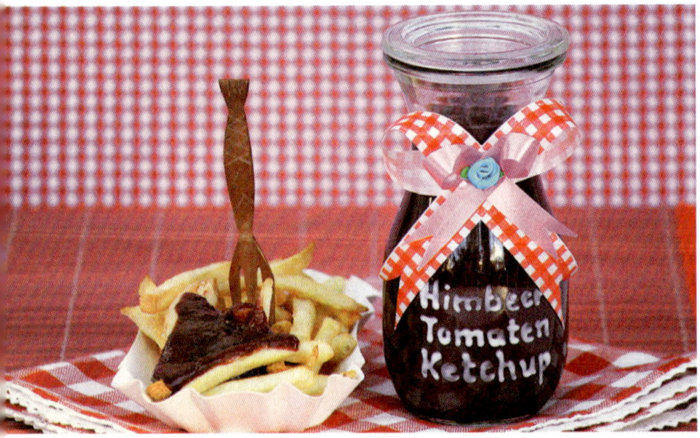
Himbeer
Tomaten
Ketchup

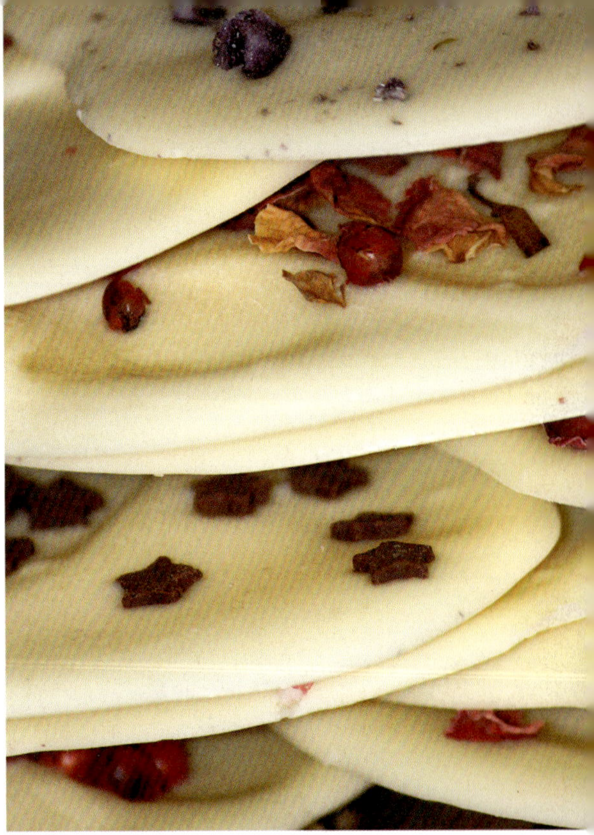

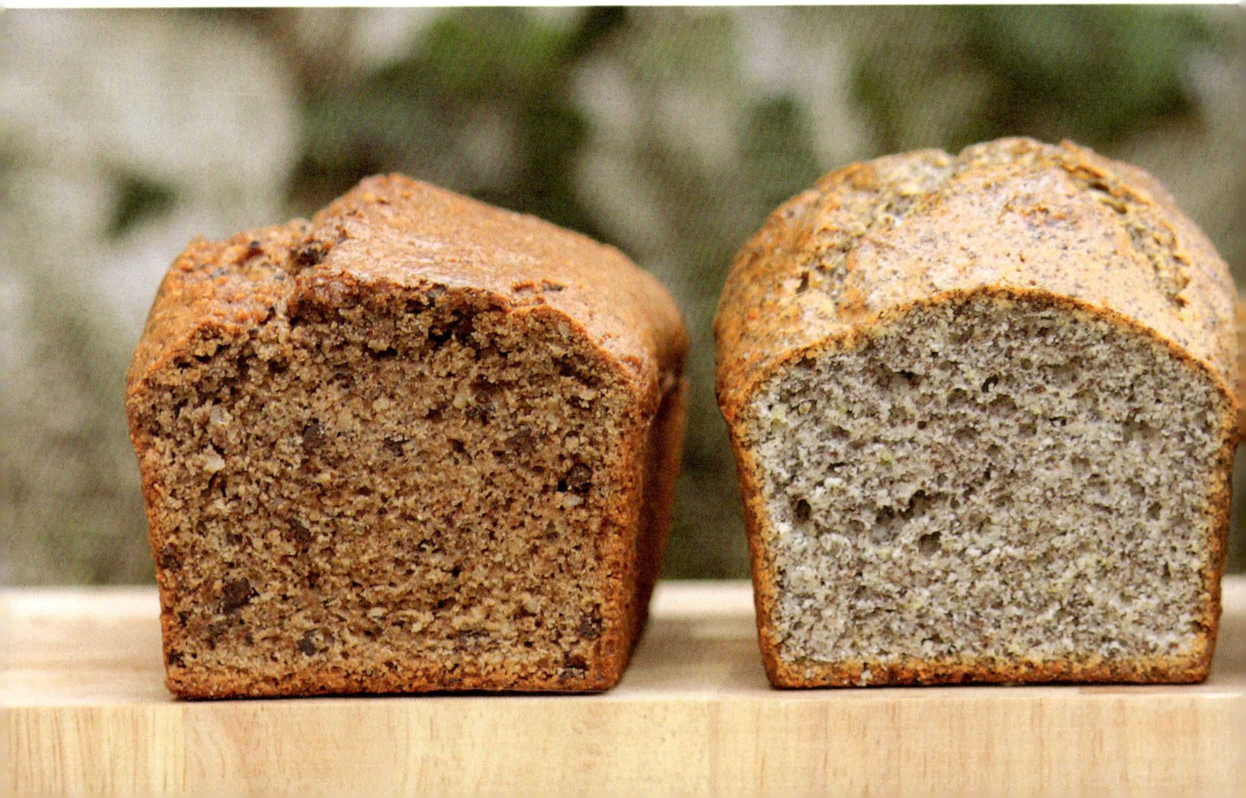

Inhalt

Geschenke, die von Herzen kommen

Geschenke aus der Küche können unglaublich vielfältig sein. Ich hatte so viele Ideen, so viele Rezepte, die ich unterbringen wollte: für süße und salzige, flüssige und trockene Köstlichkeiten. Die Palette reicht von Back- und Gewürzmischungen über Liköre und Öle bis hin zu überraschenden Fertiggerichten und frischen Pralinen. Das Experimentieren mit neuen Zubereitungstechniken hat mich bei dem Thema ganz besonders fasziniert. Das eigentlich ganz einfache Trocknen von Früchten und Gemüsen beispielsweise eröffnete mir neue Aromawelten und brachte mich auf originelle Verwendungsmöglichkeiten. Eine »Tütensuppe« beispielsweise bekommt auf diese Art eine ganz neue Geschmacksdimension.

Die Fotos auf Seite 9 zeigen von links oben nach rechts unten folgende Rezepte: Kürbismus, Seite 148; Himbeerpralinen, Seite 60; Rum-Babas, Seite 50; Aromatisches Öl, Seite 108.

Mit Handgemachtem und liebevoll Verpacktem liegen wir nicht nur im Trend zum Selbermachen. Mit ihnen können wir zeigen, wie sehr uns der Beschenkte am Herzen liegt. So werden Sie in diesem Buch Rezepte für roh angerührten Senf finden, den es so nirgendwo mehr zu kaufen gibt, weil seine Herstellung sich den industriellen Produktionsanforderungen schlichtweg widersetzt. Jedes Gläschen ist damit ein Unikat und eine kostbare Herzensgabe. Und mit den selbst gemachten Süßigkeiten für die Kleinsten bleibt jeder Kindergeburtstag garantiert frei von unerwünschten Zusatzstoffen.

Überhaupt: die Verpackung! Was gibt es da nicht für Möglichkeiten, aus einfachem Material mit ein bisschen Fantasie etwas Originelles zu schaffen. Wer gern bastelt, kann sich so richtig ausleben. Aber keine Angst: Nicht alle Geschenke und alle Verpackungen verlangen gleich einen riesigen Arbeitseinsatz von Ihnen. Vieles ist schnell aus wenigen Grundzutaten hergestellt, die schon in Ihrer Küche stehen. In eine schöne Flasche oder ein bemaltes Glas gefüllt, sind Salz-, Zucker- oder Buttermischungen eine gute Idee in letzter Minute.

Um Ihnen die Arbeit zu erleichtern, gibt es außerdem bei manchen Geschenken eine Anleitung für den Beschenkten, die als Vignette gestaltet ist und als Kopiervorlage verwendet werden kann. Manchmal muss der Empfänger des Päckchens den Zutaten noch ein paar Kleinigkeiten hinzufügen, damit er das Rezept kochen oder backen kann. Das steht dann aber ebenfalls in der Anleitung.

Bei den einzelnen Rezepten erfahren Sie zudem, wie der Zeitaufwand einzuschätzen ist, und auch, wie lange sich das Geschenk hält. Vieles bleibt lange frisch und schmeckt auch noch nach Wochen gut, manches wird sogar erst nach einer gewissen Lagerzeit richtig genießbar.

Mir hat das Entwickeln von Rezepten und das Ausprobieren neuer Techniken jedenfalls großen Spaß gemacht – das Experimentieren und Komponieren, das Kochen und Backen, das Basteln und Gestalten. Außerdem konnte ich endlich hemmungslos neue, hübsche Küchenaccessoires kaufen – ich brauchte sie ja zum Fotografieren.

Doch nun ist das Buch fertig, und ich hoffe, dass Sie Spaß an meinen Ideen finden und viele Ihrer Lieben mit Geschenken aus Ihrer eigenen Küche begeistern.

München, im Juni 2010   *Annik Wecker*

Für
Naschkatzen

Mandelhörnchen mit Aprikosen

für etwa 25–30 Stück / braucht Zeit / verlangt Übung / etwa 3 Wochen haltbar

200 g getrocknete
Aprikosen

100 ml Orangensaft

400 g Marzipan-
rohmasse

250 g Puderzucker

2 Eiweiß (60 g)

3 EL Mehl (60 g)

200 g Mandelblättchen

250 g Schokolade,
60–70 % Kakaoanteil

Foto vorige Seite

1 Aprikosen und Orangensaft in einen Topf geben, erhitzen und in 5 Minuten weich kochen, anschließend abgießen. Aprikosen würfeln, Marzipan reiben. Mit Zucker und Eiweiß in eine Schüssel geben und mit den Rührbesen des Handrührgeräts zu einer glatten Masse verarbeiten. Zum Schluss das Mehl unterrühren.

2 Den Teig in einen Gefrierbeutel füllen. In eine Ecke ein kleines Loch schneiden. Den Backofen auf 180 °C Ober-/Unterhitze vorheizen. Ein Backblech mit Backpapier belegen und mit Mandelblättchen bestreuen.

3 Den Teig als Hörnchen auf das Backblech spritzen und diese mit Mandelblättchen bestreuen, leicht andrücken. Das Backblech auf die mittlere Schiene in den Backofen schieben und die Hörnchen 15 Minuten goldbraun backen.

4 Hörnchen herausnehmen und vollständig abkühlen lassen. Die Schokolade temperieren (Seite 218) und die Enden der Hörnchen darin eintauchen, abtropfen lassen, auf Backpapier legen und die Schokolade fest werden lassen.

Variante Für *Klassische Mandelhörnchen* einfach die Aprikosen weglassen. Die Hörnchen werden dann etwas flacher.

Schoko-Cookies

für etwa 24 Stück / schnell / einfach / etwa 1 Monat haltbar

375 g Schokolade,
60–70 % Kakaoanteil,
gehackt

120 g weiche Butter

140 g Muscovadozucker
(oder feiner brauner
Vollrohrzucker)

1 Ei, Größe L

¼ TL gemahlene
Vanille

160 g Mehl

30 g Kakao

1 Prise Salz

1 TL Natron

1 Von der Schokolade 125 g in einem Schüsselchen über dem Wasserbad schmelzen. Butter und Muscovadozucker schaumig schlagen. Ei und Vanille gut unterrühren.

2 Mehl, Kakao, Salz und Natron über die Masse sieben und unter den Teig ziehen, anschließend die geschmolzene Schokolade unterrühren. Zum Schluss die restliche Schokolade unterheben. Backofen auf 175 °C vorheizen und ein Backblech mit Backpapier belegen.

3 Mit einem Esslöffel Teighäufchen abstechen und auf das Backpapier setzen. Zwischen den Plätzchen genügend Abstand lassen, da der Teig noch etwas verläuft. Das Blech auf der mittleren Schiene in den Backofen schieben und die Cookies 10–12 Minuten backen. Herausnehmen und abkühlen lassen.

Bananen-Cookies

für etwa 64 Stück / schnell / einfach / etwa 1 Monat haltbar

300 g Mehl

1 TL Natron

1 TL Backpulver

¼ TL Salz

1–2 reife Bananen
(etwa 150 g)

1 TL frisch gepresster
Zitronensaft

200 g weiche Butter

250 g Zucker

1 Ei, Größe L

50 g Zucker

2 TL gemahlener Zimt

1 Mehl, Natron, Backpulver und Salz in eine Schüssel sieben. Banane auf einem Teller zerdrücken und mit dem Zitronensaft vermischen. Den Backofen auf 180 °C Ober-/Unterhitze vorheizen. Ein Backblech mit Backpapier belegen.

2 In einer zweiten Schüssel Butter und Zucker mit den Rührbesen des Handrührgeräts auf höchster Stufe schaumig schlagen. Das Ei zugeben und gut unterarbeiten. Bananenbrei in den Teig rühren, anschließend die Mehlmischung. Zucker und Zimt in einem Teller mischen. Aus dem Teig mit leicht bemehlten Händen walnussgroße Kugeln formen und in der Zimt-Zucker-Mischung wälzen. Ist der Teig zu weich, kurz in den Kühlschrank stellen.

3 Teigkugeln mit etwas Abstand zueinander auf das Backpapier legen. Backblech auf die mittlere Schiene in den Backofen schieben und Cookies in 10 Minuten goldbraun backen.

Pinienkern-Pistazien-Cookies

für etwa 80 Stück / schnell / gelingt immer / etwa 1 Monat haltbar

Teig:

150 g getrocknete Aprikosen

100 g Pistazienkerne

150 g Pinienkerne

2 EL Aprikosenschnaps oder -likör (ersatzweise Aprikosen- oder Orangensaft)

125 g weiche Butter

120 g Zucker

¼ TL gemahlene Vanille

2 Eier, Größe L

200 g Mehl

2 gestrichene TL Backpulver

¼ TL Salz

40 g Sesamsaat

Deko:

ganze Pistazienkerne

1 Aprikosen würfeln und mit etwa 200 ml kochendem Wasser übergießen. 15 Minuten ruhen lassen, dann abgießen, gut abtropfen lassen und mit dem Aprikosenschnaps mischen. Pistazien- und Pinienkerne hacken. Alles beiseitestellen.

2 Butter mit Zucker und Vanille in einer Schüssel mit den Rührbesen des Handrührgeräts auf hoher Stufe schaumig schlagen. Eier nacheinander zugeben und gut unterrühren. Mehl, Backpulver und Salz mischen und über den Teig sieben. Auf kleinerer Stufe unterrühren.

3 Zum Schluss mit einem Spatel die gehackten Pistazien- und Pinienkerne, Aprikosenwürfel und den Sesam unterheben. Den Backofen auf 180 °C Ober-/Unterhitze vorheizen. Ein Backblech mit Backpapier belegen.

4 Mit einem Teelöffel kleine Teighäufchen auf das Backpapier setzen, auf jeden Keks eine Pistazie drücken. Das Backblech auf die mittlere Schiene in den Backofen schieben und die Kekse je nach Größe 13–15 Minuten backen. Herausnehmen und abkühlen lassen.

Tipp Auch Pinienkerne oder Sesamsaat eignen sich gut zur Dekoration.

Kekse und Kuchen

14

Limettenkipferl

für etwa 40 Stück / braucht etwas Vorbereitung / relativ einfach / etwa 2 Monate haltbar

Teig:

200 g kalte Butter, in Stücken

120 g Zucker

abgeriebene Schale von 2 Bio-Limetten

2 Eigelb

100 g gemahlene Mandeln

300 g Mehl

1 Prise Salz

Limettenzucker:

75 g Zucker

75 g Puderzucker

abgeriebene Schale von 2 Bio-Limetten

1 Für den Teig Butter, Zucker und Limettenschale in einer Schüssel mit den Rührbesen des Handrührgeräts verrühren, Eigelbe untermengen und anschließend nacheinander Mandeln, Mehl und Salz hinzufügen. Nicht zu lange rühren, sonst wird die Butter zu weich, und die Kipferl werden nicht so schön mürbe. Den Teig mit den Händen zu Rollen von 2–3 cm Ø formen, diese einzeln in Frischhaltefolie wickeln und mindestens 2 Stunden im Kühlschrank ruhen lassen.

2 Backofen auf 180 °C Ober-/Unterhitze vorheizen. Ein Backblech mit Backpapier belegen. Von den Rollen 1 cm dicke Scheiben abschneiden und daraus Kipferl formen: Teigscheiben zwischen den Handflächen rollen, Rolle auf ein Blech legen und die Enden nach unten biegen. Auf der mittleren Schiene in den Backofen schieben und 12 Minuten backen.

3 Für den Limettenzucker alle Zutaten auf einem Teller vermischen. Beiseitestellen. Kipferl herausnehmen, 1–2 Minuten ruhen lassen und sofort im Limettenzucker wälzen. Die Kekse müssen noch heiß sein, damit er haften bleibt. Jedoch sind sie sehr zerbrechlich, daher vorsichtig arbeiten. Die Kekse abkühlen lassen.

Tipp Wem das Kipferlformen zu mühsam ist, der kann die von den Rollen abgeschnittenen Scheiben auch so auf das Blech legen, backen und anschließend in der Zuckermischung wälzen. Der Limettenzucker wird geschmacklich intensiver, je früher er zubereitet wird – das kann ruhig ein paar Tage vorher sein.

Variante *Vanillekipferl:* Abgeriebene Limettenschale durch ¼ TL gemahlene Vanille ersetzen. Fertige Kipferl in Vanillezucker aus 75 g Zucker und ½ TL gemahlener Vanille wälzen.

Verpackungstipp Wird eine einfache Pommestüte sparsam bemalt (keine Kunstwerke, ein paar Herzchen oder Sterne reichen schon), bekommt das Geschenk einen individuellen Charakter. Mit einer passenden Aufschrift kann man sich sogar die Karte sparen.

Pistazien-Cranberry-Cantuccini

für etwa 50 Stück / nicht aufwendig / gelingt ohne Mühe / etwa 2 Monate haltbar

120 g Zucker
1 TL gemahlene Vanille
25 g weiche Butter
2 Eier, Größe L
abgeriebene Schale
von 1 Bio-Orange
250 g Mehl
1 gestrichener TL
Backpulver
1 Prise Salz
100 g Pistazienkerne
80 g getrocknete
Cranberrys

1 Zucker, Vanille, Butter, Eier und Orangenschale in einer Schüssel mit dem Handrührgerät kurz verrühren. Mehl mit Backpulver mischen und unterrühren, Salz, Pistazien und Cranberrys zugeben und alles möglichst rasch zu einem geschmeidigen festen Teig verarbeiten. Drei Rollen von etwa 2 cm Ø formen, in Frischhaltefolie wickeln und mindestens 30 Minuten kalt stellen.

2 Den Backofen auf 180°C Ober-/Unterhitze vorheizen. Ein Backblech mit Backpapier belegen. Die Rollen auf das Blech legen. Auf der mittleren Schiene in den Ofen schieben und 20 Minuten backen.

3 Das Blech aus dem Ofen nehmen und die Backofentemperatur auf 150°C verringern. Die Rollen schräg mit einem Sägemesser in 1 cm dicke Streifen schneiden, das Blech wieder in den Backofen schieben und die Cantuccini weitere 15 Minuten backen. Herausnehmen und abkühlen lassen.

Variante Für *klassische Cantuccini* die Orangenschale weglassen und stattdessen 8 Tropfen Bittermandelöl nehmen. Pistazien und Cranberrys durch ganze Mandeln ersetzen. Der Teig kann bis zur Weiterverarbeitung 4 Tage im Kühlschrank bleiben.

Kekse und Kuchen

18

Espressoschnecken

für etwa 35–40 Stück / braucht etwas Zeit / sehr dekorativ / etwa 1 Monat haltbar

Teig 1:

100 g kalte Butter,
in Stücken

50 g Puderzucker

¼ TL gemahlene Vanille

1 Prise Salz

1 Ei, Größe L

1 Eigelb

200 g Mehl

Teig 2:

100 g kalte Butter,
in Stücken

60 g Zucker, vorzugs-
weise Puderzucker

1 Prise Salz

1 Ei, Größe L

1 Eigelb

2 EL Kakao (10 g)

2 TL Espressopulver

200 g Mehl

2 EL Kaffeelikör
(z. B. Kahlúa)

1 Für den ersten Teig Butter, Puderzucker, Vanille und Salz in einer Schüssel mit den Rührbesen des Handrührgeräts verrühren. Die Butter sollte nicht schaumig werden, nur geschmeidig. Ei und Eigelb hinzugeben und weiterrühren. Mehl sieben und zur Eimasse geben. Nur so lange rühren, bis ein glatter Teig entstanden ist. Ist er zu brüchig, etwas Milch oder Wasser dazugeben.

2 Für den zweiten Teig bis zum Eigelb genauso verfahren: Kakao und Espressopulver mit dem Mehl in die Schüssel geben, dann den Kahlúa hinzufügen. Beide Teige zu Kugeln formen, in Frischhaltefolie wickeln und 2 Stunden in den Kühlschrank legen.

3 Beide Teige zu einer rechteckigen Platte à 40 x 35 cm ausrollen. Beide Platten übereinanderlegen und von der längeren Seite her aufrollen. Wenn die dunkle Seite außen ist, sehen die Kekse besonders schön aus. Noch einmal 30 Minuten kalt stellen. Nur dann lässt sich die Rolle gut in Scheiben schneiden.

4 Den Backofen auf 200 °C Ober-/Unterhitze vorheizen. Den Teig aus dem Kühlschrank nehmen und von der Rolle etwa 1 cm dicke Scheiben abschneiden. Die Espressoschnecken auf ein mit Backpapier belegtes Backblech legen, auf der mittleren Schiene in den Backofen schieben und 12 Minuten backen. Herausnehmen und abkühlen lassen.

Verpackungstipp

Nicht nur Konfitüre oder Eingekochtes kann in Gläsern verschenkt werden. Auch Kekse und Gebäck sehen so sehr attraktiv aus, und im Gegensatz zu Schachteln und Dosen sieht der Beschenkte gleich, was drin ist.

Gefüllte Makronen

für etwa 40 Stück / aufwendig / leicht zu variieren / etwa 4 Tage haltbar, je nach Füllung

Makronen-Grundteig:

200 g Puderzucker

200 g fein gemahlene Mandeln

200 g Zucker

160 g Eiweiß
(von 4 Eiern, Größe L)

Lebensmittelfarbe nach Belieben

Füllungen nächste Seite

1 Puderzucker und Mandeln gut vermischen und beiseitestellen. Den Zucker und 80 ml Wasser in einem Topf langsam aufkochen, dabei rühren, bis sich der Zucker aufgelöst hat. Wer ein Zuckerthermometer besitzt: Die Temperatur des Sirups sollte 110 °C nicht übersteigen. Vom Herd nehmen.

2 Die Hälfte des Eiweißes mit dem Handrührgerät oder in der Küchenmaschine steif schlagen, die Mixgeschwindigkeit verringern und in einem dünnen Strahl den Sirup dazugießen. So lange weiterschlagen, bis die Masse abgekühlt ist. Das dauert eine Weile.

3 Das restliche Eiweiß (ungeschlagen) mit der Mandelmischung vermengen, sodass eine dicke Mandelpaste entsteht. Die Lebensmittelfarbe unter die Paste mischen. Mit einem Spatel ein wenig Eischnee in die Mandelpaste rühren, nach und nach den Rest zugeben und vorsichtig unterheben. Die Mischung muss glatt und sollte nicht allzu fest sein.

4 Ein Backblech mit Backpapier belegen. Die Makronenmasse in einen Spritzbeutel füllen und möglichst gleich große Makronen von 2 cm Ø auf das Backpapier spritzen. Die Kekse etwa 30 Minuten bei Zimmertemperatur trocknen lassen. Den Backofen auf 145 °C Ober-/Unterhitze vorheizen. Das Blech mit den getrockneten Makronen auf die mittlere Schiene in den Backofen schieben und die Makronen 15 Minuten backen.

5 Makronen aus dem Ofen nehmen und abkühlen lassen. Füllung nach Wahl herstellen (Seite 24) und mit einem Teelöffel je 1 Klacks davon auf die Unterseite eines Kekses geben, einen zweiten Keks daraufsetzen und etwas andrücken. Füllung fest werden lassen. Vorgang mit den restlichen Keksen wiederholen.

Tipp Bei 125 °C Umluft können gleichzeitig mehrere Bleche in den Ofen geschoben und gebacken werden. Das hat den Vorteil, dass die Makronen die gleiche Färbung bekommen. Schokoladenfüllungen sollten vor dem Füllen schon etwas ausgehärtet sein.

Kekse und Kuchen

Zimt-Butter-Füllung

200 g Puderzucker,
gesiebt
160 g weiche Butter
1 TL gemahlener Zimt

Puderzucker und Butter schaumig schlagen. Anschließend 1 TL gemahlenen Zimt unterrühren. Diese Füllung kann sofort verwendet werden. Statt mit Zimt können Sie diese Buttercreme vielfältig aromatisieren, z. B. mit Espresso, Zitronenschale oder Lebkuchengewürz.

Schokoladenfüllung

140 g Schokolade
nach Wahl
80 g weiche Butter
1 TL Honig

Schokolade über dem Wasserbad schmelzen. Butter schaumig schlagen, Schokolade und Honig hineinrühren. Die fertige Füllung etwas abkühlen lassen, bis sie die richtige Konsistenz hat, um die Kekse damit zu füllen.

Champagnerfüllung

250 g weiße Schokolade
150 g weiche Butter
150 g Puderzucker,
gesiebt
15 EL Champagner,
ersatzweise Sekt
abgeriebene Schale und
Saft von 1 Bio-Zitrone

Die Schokolade in Stücke brechen, im Wasserbad schmelzen, beiseitestellen und etwas abkühlen lassen. Butter und Puderzucker in einer Schüssel mit den Rührbesen des Handrührgeräts schaumig schlagen. Champagner, Schokolade, Zitronensaft und -schale zugeben und weiterschlagen, bis eine geschmeidige, luftige Creme entstanden ist. Die fertige Füllung etwas abkühlen lassen, bis sie die richtige Konsistenz hat, um die Kekse damit zu füllen.

Safran-Trüffel-Füllung

120 g Sahne
1 Messerspitze
Safranfäden
230 g weiße Schokolade, geraspelt
50 g Butter

Sahne und Safran in einem Topf aufkochen und 5 Minuten köcheln lassen. Es bleiben etwa 80 g Safran-Sahne übrig. Sahne über die Schokolade gießen und verrühren, bis die Schokolade geschmolzen ist, anschließend die Butter in der Masse schmelzen. Nach Bedarf im Wasserbad noch etwas erwärmen. Die fertige Füllung etwas abkühlen lassen, bis sie die richtige Konsistenz hat, um die Kekse damit zu füllen. Für eine *weiße Schokocreme* einfach den Safran weglassen.

Erdnuss-Konfitüre-Würfel

für etwa 70–80 Stück / schnell / ziemlich einfach / etwa 3 Wochen haltbar

225 g weiche Butter
340 g Zucker
2 Eier, Größe L
500 g Erdnussbutter
360 g Mehl
1 TL Backpulver
2 gestrichene TL Salz
¼ TL gemahlene Vanille
400 g Konfitüre nach Belieben
150 g geröstete, gesalzene Erdnusskerne, grob gehackt

1 Butter und Zucker mit den Rührbesen des Handrührgeräts auf hoher Stufe schaumig schlagen. Erst die Eier und dann die Erdnussbutter unterrühren. Mehl, Backpulver, Salz und Vanille in einer zweiten Schüssel mischen und auf niedriger Stufe in den Teig rühren, bis ein geschmeidiger Teig entstanden ist.

2 Den Backofen auf 180 °C Ober-/Unterhitze vorheizen. Ein Backblech mit Backpapier belegen. Zwei Drittel des Teigs gleichmäßig auf dem Backblech (38 x 30 cm) verstreichen, die Konfitüre darüber verteilen.

3 Aus dem restlichen Teig mit den Händen Streusel formen und über die Konfitüre verteilen. Zum Schluss die Erdnusskerne auf den Teig streuen. Das Backblech auf der mittleren Schiene in den Backofen schieben und den Teig 35–40 Minuten backen. Herausnehmen, Teigplatte mit dem Backpapier auf ein Kuchengitter setzen und etwas abkühlen lassen. Das Backpapier abziehen und Teig in Würfel (à 4 cm) schneiden.

Erdnuss Würfel

Wer kein Muffinblech besitzt, kann für die Cupcakes auch jeweils zwei Papierförmchen ineinanderstellen, damit sie stabiler sind. Ich nehme auf jeden Fall immer zwei, wenn ich gemusterte Förmchen verwende, dann weicht das Papier nicht so durch, und das Muster ist besser zu erkennen.

Cupcakes

für etwa 12 Stück / einfach / sehr dekorativ / je nach Glasur etwa 2 Tage haltbar

125 g weiche Butter
125 g Zucker
1 Messerspitze gemahlene Vanille
3 Eier, Größe L
150 g Mehl
50 g Speisestärke
2 TL Backpulver
1 Prise Salz
100 g Sauerrahm

1 Den Backofen auf 180 °C Ober-/Unterhitze vorheizen. Ein Muffinblech mit Papierförmchen auslegen. Butter, Zucker und Vanille in einer Schüssel mit den Rührbesen des Handrührgeräts schaumig schlagen. Eier nacheinander zugeben und jedes Ei etwa 30 Sekunden unterrühren.

2 Mehl, Speisestärke, Backpulver und Salz sieben und die Mischung portionsweise mit dem Sauerrahm zum Teig geben und unterarbeiten. Den Teig in den Muffinmulden verteilen. Das Muffinblech auf der mittleren Schiene in den Backofen schieben und 30 Minuten backen. Herausnehmen, die Cupcakes in den Papierförmchen abkühlen lassen und anschließend mit einer Glasur nach Wunsch versehen.

Buttercremeglasur

100 g weiche Butter
200 g Puderzucker
½ TL gemahlene Vanille
1 EL Milch
Speisefarbe, Kakao, Espresso oder Beerenmus nach Belieben

Butter mit den Rührbesen des Handrührgeräts schaumig rühren, Zucker dazusieben, Vanille zugeben und alles zu einer schaumigen Masse verrühren. Wenn die Creme nicht weich genug ist, 1 EL Milch zugeben. Möchte man die Creme färben, nun die Speisefarbe nach und nach einrühren. Zum Aromatisieren eignen sich z. B. 2 EL Kakao (in 1 EL warmem Wasser aufgelöst), 1–2 EL Espresso, 100 g zerdrückte Beeren. Fertige Buttercreme in einen Spritzbeutel füllen und auf den Cupcakes verteilen.

Zuckerglasur

200 g Puderzucker
Lebensmittelfarbe
nach Belieben

Puderzucker sieben und mit ein paar Esslöffeln Wasser verrühren, bis die gewünschte Konsistenz erreicht ist. Nach Belieben Lebensmittelfarbe zufügen. Sofort auf die Cupcakes gießen, da die Glasur schnell fest wird! Statt Wasser eignen sich z. B. Espresso, Likör oder Fruchtsaft, um die Glasur zu aromatisieren.

Eischneeglasur

2 Eiweiß (von ganz
frischen Eiern)
100 g Zucker
¼ TL Weinstein-Back-
pulver (Bioladen)
100 g Himbeeren
oder Johannisbeeren

Eiweiße, Zucker und Backpulver etwa 4 Minuten in einer Schüssel im Wasserbad mit dem Schneebesen aufschlagen, herausnehmen und weiterschlagen, bis sich glänzende Spitzen bilden. Das dauert etwa 5–10 Minuten. Anschließend die Beeren vorsichtig mit einem Löffel unterheben. Den Eischnee auf den Cupcakes verteilen – mit dem Löffel oder einem Spritzbeutel mit großer Tülle.

Frischkäseglasur

200 g Doppelrahm-
frischkäse
80 g Puderzucker
50 g sehr weiche Butter
1 TL frisch gepresster
Zitronensaft

Alle Zutaten mit den Rührbesen des Handrührgeräts glatt rühren. Es ist sehr wichtig, dass die Butter wirklich weich ist, denn sonst vermischt sie sich nicht mit den anderen Zutaten, und es bleiben Klümpchen zurück. Die Creme mit einem Löffel auf den Cupcakes verteilen.

Trüffelcremeglasur

150 g Vollmilch-
schokolade
300 g Sahne

Schokolade mit der Sahne über dem Wasserbad in einer Schüssel schmelzen. Über Nacht im Kühlschrank durchkühlen lassen und am nächsten Tag wie Sahne aufschlagen. Creme mit oder ohne Spritzbeutel auf den Cupcakes verteilen.

Ganache

125 g Schokolade,
60–70 % Kakaoanteil
40 g Butter
1 TL Honig

Alle Zutaten in einer Schüssel über dem Wasserbad schmelzen, vom Herd nehmen, verrühren und gleich auf die Cupcakes geben. Sollte die Ganache zu flüssig sein, muss sie erst etwas abkühlen.

Hippenteig für Röllchen und Körbchen

braucht Zeit / verlangt Übung / etwa 2 Wochen haltbar

Grundteig:
4 Eiweiß
1 Prise Salz
120 g Zucker
120 g Mehl
120 g flüssige Butter

Eiweiß, Salz und Zucker mit den Rührbesen des Handrührgeräts leicht aufschlagen, nicht steif schlagen. Dann das Mehl unterrühren und zum Schluss die flüssige Butter in dünnem Strahl zugießen und untermengen.

Varianten

Orangen- oder Zitronenhippen: Abgeriebene Schale von 1 Bio-Orange oder Bio-Zitrone unter den Teig rühren. *Schokoladenhippen:* 20 g Mehl durch Kakao ersetzen. *Espresso-hippen:* 1 TL Instant-Espressopulver unter den Teig rühren. *Zimt-hippen:* 1 TL gemahlenen Zimt unter den Teig rühren. *Lebkuchen-hippen:* 1 gestrichenen TL Lebkuchengewürz unter den Teig rühren. *Kräuterhippen:* 1 TL gehackte Kräuter unter den Teig rühren (etwa Rosmarin oder Salbei). *Aromatisieren mit Likör:* 1 EL Likör nach Wahl unter den Teig mischen (Kaffee-, Orangenlikör, Amaretto).

Gestreifte Röllchen

für etwa 25 Stück:
Grundteig Seite 29
rote Lebensmittelfarbe

1 Den Hippen-Grundteig herstellen. Aus einem Stück Karton eine Schablone à 12 x 8 cm zuschneiden (Teppichmesser). Eine Silikonmatte auf das Backblech legen und die Schablone darauflegen. Den Backofen auf 175 °C Ober-/Unterhitze vorheizen.

2 Vom Teig etwa ein Viertel abnehmen und mit ein paar Tropfen roter Lebensmittelfarbe rosa färben. Etwa 1 EL ungefärbten Teig in die Schablone geben und mit dem Teigschaber glatt streichen. (Ist der Teig dafür zu fest, etwas Milch dazugeben.) Schablone entfernen und weitere Rechtecke aufstreichen. Den gefärbten Teig in einen Spritzbeutel (oder Gefrierbeutel mit Loch) geben und damit diagonale Streifen auf die Rechtecke malen.

3 Das Backblech auf die mittlere Schiene in den Backofen schieben und die Teigecken etwa 8 Minuten backen, nacheinander herausnehmen und sofort von der breiten Seite her aufrollen. Zügig arbeiten und nicht zu viele Kekse auf einmal backen, da die Platten sehr schnell fest werden und sich dann nicht mehr aufrollen lassen.

Variante Grußkarten:
Die Rechtecke können mit dem gefärbten Teig auch nach Belieben beschriftet werden (z. B. »Ich liebe dich«, »Herzlichen Glückwunsch«). Dafür eignen sich auch Schablonen in Herzform.

Hippenkörbchen

für etwa 12 Stück:
Grundteig Seite 29

1 Den Backofen auf 175 °C Ober-/Unterhitze vorheizen. Einen Grundteig herstellen. Ein Backblech mit Backpapier belegen und darauf einen oder mehrere Kreise (12–15 cm Ø) zeichnen, je nach gewünschter Größe des Körbchens.

2 Den Hippen-Grundteig dünn auf dem Backpapierkreis verstreichen. (Ist der Teig dafür zu fest, etwas Milch dazugeben.) Das Backblech auf die mittlere Schiene in den Backofen schieben und den Teig 10 Minuten backen. Er sollte leicht gebräunt sein. Das Blech aus dem Backofen nehmen und den Teig sofort um die Unterseite eines passenden Schälchens legen und mit den Händen oder einer zweiten Schüssel etwas andrücken. Sobald die Hippe fest ist, abnehmen und vollständig abkühlen lassen.

Variante   *Hippentüten:* Für Tüten statt Schälchen einen Kegel (für Eiswaffeln, aus dem Haushaltswarengeschäft) nehmen und die Kreise damit aufrollen.

Tipp   Es sieht nett aus, wenn der ungebackene Teig mit Lavendelblüten, Rosenblüten, Schokostreuseln, gehackten Mandeln oder Nüssen bestreut wird. Natürlich kann der Hippenteig auch mit etwas gefärbtem Teig bemalt werden (Foto links, Hippenröllchen).

Balsamico-Schokoladen-Kekse

für etwa 100 Stück / Kühlzeit beachten / verlangt Übung / etwa 1 Monat haltbar

Teig:

200 g kalte Butter, in Stücken

100 g Puderzucker

¼ TL gemahlene Vanille

1 Prise Salz

2 Eigelb

400 g Mehl

Füllung:

100 g Butter

125 g Schokolade, 60–70 % Kakaoanteil, gehackt

1 Prise Salz

50 g Zucker

40 ml Balsamico-Essig

1 Ei, Größe L

1 Eigelb

Deko:

50 g Schokolade

1 Für den Teig Butter, Puderzucker, Vanille und Salz in einer Schüssel mit den Rührbesen des Handrührgeräts verrühren. Die Butter sollte nicht schaumig werden, nur geschmeidig. Eigelbe hinzugeben und weiterrühren.

2 Mehl sieben und auf einmal zur Eimasse geben. Nur so lange rühren, bis ein glatter Teig entstanden ist. Ist er zu brüchig, etwas Milch oder Wasser dazugeben. Teig zu einer Kugel formen, in Frischhaltefolie wickeln, 2 Stunden in den Kühlschrank legen.

3 Für die Füllung Butter und Schokolade in einer Schüssel über dem Wasserbad schmelzen, herausnehmen, Salz und Zucker in die Masse unterrühren. Rühren, bis sich der Zucker aufgelöst hat. Balsamico, Eier und Eigelb untermengen. Die Füllung etwas abkühlen lassen. Den Backofen auf 180 °C Ober-/Unterhitze vorheizen.

4 Die kalte Teigkugel halbieren. Beide Hälften zu einer Platte à 30 x 25 cm Seitenlänge ausrollen. Eine der Platten entweder in eine passende Form oder auf ein Blech mit Backpapier legen. Einen Backrahmen um die Platte stellen oder diese auf das Blech legen und einen Teigrand formen, um zu verhindern, dass die Füllung herausläuft.

Kekse und Kuchen

5 Die Schokoladenmasse auf der Teigplatte verstreichen. Die zweite Platte auf die Füllung legen. Auf der mittleren Schiene in den Backofen schieben und 30 Minuten backen, herausnehmen und abkühlen lassen.

6 Für die Deko die Schokolade im Wasserbad schmelzen und in einen Gefrierbeutel füllen. Mit einer Schere eine kleine Ecke des Beutels abschneiden und mit der Schokolade Streifen auf die Teigplatte malen und fest werden lassen. Anschließend die Platte in Würfel schneiden.

Tipp   Ich nehme – wegen des malzigen Geschmacks – für die Füllung gern braunen oder braunen und weißen Zucker gemischt.

Nusskuchen in der Dose

für 8 Dosen à etwa 200 ml / schnell / gelingt immer / etwa 2 Wochen haltbar

230 g weiche Butter
200 g Zucker
60 g Melasse oder Zuckerrübensirup (Bioladen)
¼ TL gemahlene Vanille
5 Eier, Größe M
350 g Mehl
3 TL Backpulver
2 TL gemahlener Zimt
¼ TL Salz
200 g gemahlene Haselnusskerne
100 g Schokolade, 60–70 % Kakaoanteil, fein geraspelt

1 Zuerst 8 kleine Konservendosen gründlich ausspülen und die Etiketten entfernen. Gut trocknen lassen und mit 30 g Butter fetten. Restliche Butter mit Zucker, Melasse und gemahlener Vanille in einer Schüssel mit den Rührbesen des Handrührgeräts schaumig schlagen. Die Eier nacheinander zugeben und jedes Ei etwa 30 Sekunden unterrühren.

2 Mehl, Backpulver, Zimt und Salz in eine Schüssel sieben und die Mischung nach und nach in den Teig rühren. Zum Schluss gemahlene Haselnusskerne und Schokolade untermischen. Den Backofen auf 175 °C Ober-/Unterhitze vorheizen.

3 Den Teig auf die Dosen verteilen, dabei jede Dose zu etwa drei Vierteln füllen. Dosen auf ein Backblech stellen und Nusskuchen auf der mittleren Schiene 40–45 Minuten im Backofen backen. Dosen herausnehmen und abkühlen lassen. Zum Verschenken mit Geschenkband verzieren.

Tipp Der Teig kann auch als Ganzes in einer gebutterten Kastenform à 30 cm Länge gebacken werden. Dann erhöht sich die Backzeit auf 70 Minuten.
Der Nusskuchen hält sich erstaunlich lange. In einer Blechdose ist er sogar nach 2–3 Wochen noch sehr lecker. Und sollte er doch etwas zu trocken geworden sein, ist er immer noch perfekt, um ihn in Kaffee zu tauchen.

Varianten *Nusslikörkuchen*: Kuchen mit einem Holzstäbchen einige Male einstechen und mit 50 ml Nusslikör beträufeln.
Kaffeekuchen: Kuchen mit einem Holzstäbchen einige Mal einstechen und mit 50 ml Espresso beträufeln. So werden auch Kuchen wieder saftig, die schon ein wenig trocken geworden sind.

Kekse und Kuchen

Holländische Waffelkekse

für etwa 30 Stück / braucht Zeit / verlangt Erfahrung / etwa 1 Monat haltbar

Teig:
500 g Mehl
10 g frische Hefe (oder
½ Päckchen Trocken-
hefe)
70 g Zucker
1 Ei, Größe L
1 Prise Salz
½ TL gemahlener Zimt
125 g flüssige Butter

Füllung:
150 g Muscovadozucker
(oder feiner brauner
Rohrzucker)
50 g Butter
50 g Sahne
1 Messerspitze Salz
½ TL gemahlener Zimt
1 EL Ahornsirup

1 Für den Teig Mehl in eine große Schüssel geben und in der Mitte eine Mulde drücken. Die Hefe hineingeben und 1 EL Zucker darüberstreuen. 125 ml Wasser dazugeben und mit einer Gabel verrühren, bis die Hefe sich aufgelöst hat. Den Vorteig an einem warmen Ort etwa 20 Minuten gehen lassen.

2 Restlichen Zucker, Ei, Salz, Zimt und die flüssige Butter zugeben und mit den Knethaken des Handrührgeräts zu einem geschmeidigen Teig verarbeiten. Wenn er sich beim Kneten vom Schüsselrand löst, ist er genau richtig. Den Teig zugedeckt an einem warmen Ort 1 Stunde gehen lassen.

3 Ein flaches Waffeleisen (für Eiswaffeln) vorheizen. Aus dem Teig etwa 60 kleine Kugeln formen und diese im Waffeleisen zu kleinen, runden Waffeln backen. (Wer genau arbeiten will, wiegt die Kugeln à 15 g vorher ab.)

4 Für die Füllung einen großen Topf mit schwerem Boden erhitzen, bei mittlerer Hitze den Zucker nach und nach einrieseln lassen, bis er karamellisiert. Die Butter zugeben, schmelzen lassen und die restlichen Zutaten unterrühren. Sollten noch feste Stücken im Karamell sein, diese bei geringer Hitze unter Rühren schmelzen.

5 Die Füllung etwas abkühlen lassen. Wird sie zu fest, kann sie jederzeit wieder erwärmt werden. Jeweils 1 TL Füllung auf eine Waffel geben, verstreichen und eine zweite Waffel daraufdrücken. Abkühlen lassen.

Verpackungstipp
Zum Verschenken einfach mehrere Kekse übereinanderstapeln und mit einem schönem Schleifenband zusammenbinden.

Diese Kekse eignen sich besonders gut als Mitbringsel zu einer Essenseinladung. Ich verschenke sie gern mit einer Flasche Vin Santo, einem italienischen Dessertwein, in den man die Kekse tunkt. In Italien ersetzen Kekse, meist Cantuccini, und Dessertwein oft die Nachspeise, oder man reicht sie nach dem Essen zu einem Gläschen Wein.

Mandelbrot

für etwa 80 Scheiben / relativ schnell / einfach / etwa 1 Monat haltbar

200 g Mandeln, blanchiert

200 g Eiweiß (von etwa 6 Eiern)

1 Prise Salz

200 g Zucker

6 Tropfen Bittermandelöl

270 g Mehl

1 Prise gemahlene Vanille

1 Den Backofen auf 200 °C Ober-/Unterhitze vorheizen. Ein Backblech mit Backpapier belegen. Blanchierte Mandeln auf dem Backblech verteilen, auf die mittlere Schiene in den vorgeheizten Backofen schieben und 3–5 Minuten rösten. Das Blech herausnehmen, die Backofentemperatur auf 180 °C reduzieren und die Mandeln abkühlen lassen.

2 Zwei Kastenformen (à 24 x 10 cm) mit Backpapier auslegen. Eiweiße mit 1 Prise Salz in einer Schüssel mit den Rührbesen des Handrührgeräts steif schlagen und dabei den Zucker einrieseln lassen. Weiterschlagen, bis ein glänzender Schnee entstanden ist und der Zucker sich aufgelöst hat.

3 Bittermandelöl über den Eischnee geben. Mehl, geröstete Mandeln und Vanille vermischen und mit einem Spatel unter den Eischnee ziehen. Die Masse auf die beiden Kastenformen verteilen. Auf der mittleren Schiene im Backofen 40 Minuten backen. Der Brotteig darf innen nicht mehr flüssig sein.

4 Die Brote etwas abkühlen lassen und mit dem Backpapier aus den Formen heben. Das Papier abziehen und die Brote vollständig abkühlen lassen. Die Backofentemperatur auf 160 °C Umluft reduzieren. Die Mandelbrote vorsichtig in Scheiben von etwa 5 mm Dicke schneiden. Das geht am besten mit einer Brotschneidemaschine. Die Scheiben auf zwei bis drei Backbleche verteilen und zusammen noch einmal 20–25 Minuten in den Ofen schieben, bis das Mandelbrot schön knusprig ist. Herausnehmen und abkühlen lassen.

Kekse und Kuchen

Karamell-Körner-Riegel

für etwa 32 Stück / hoher Suchtfaktor / nicht allzu schwierig / etwa 2 Monate haltbar

Teig:

200 g kalte Butter, in Stücken

150 g Muscovadozucker (oder feiner brauner Vollrohrzucker)

¼ TL Salz

2 Eigelb

350 g Mehl

3 TL gemahlener Ingwer

2 TL gemahlener Zimt

¼ TL gemahlene Gewürznelken

¼ TL gemahlene Muskatnuss

2 EL Milch

Belag:

250 g Sahne

80 g brauner Rohrzucker

80 g Zucker

2 EL Honig

30 g Butter

1 gestrichener TL Salz

½ TL gemahlener Zimt

90 g Pinienkerne

80 g Sonnenblumenkerne

80 g Kürbiskerne

1 Für den Teig Butter, Zucker und Salz in einer Schüssel mit den Rührbesen des Handrührgeräts verrühren. Die Butter sollte nicht schaumig werden, nur geschmeidig. Eigelbe hinzugeben und weiterrühren.

2 Mehl sieben und mit Gewürzen und Milch zur Eimasse geben. Nur so lange rühren, bis ein glatter Teig entstanden ist. Ist er zu brüchig, noch etwas Milch oder Wasser dazugeben. Den Teig zu einer Kugel formen, in Frischhaltefolie wickeln und 2 Stunden in den Kühlschrank legen.

3 Für den Belag alle Zutaten in einen Topf geben, aufkochen und etwa 12 Minuten bei mittlerer Hitze köcheln lassen, bis die meiste Flüssigkeit verdampft ist. Den Backofen auf 180 °C Ober-/Unterhitze vorheizen. Den Teig auf Backpapier zu einer Platte à 30 x 25 cm ausrollen und mit dem Backpapier auf ein Backblech legen.

4 Die heiße Füllung sofort auf dem Teigboden verteilen. Am besten einen Backrahmen herumlegen, damit die Füllung nicht ausläuft. Das Backblech auf die mittlere Schiene in den Backofen schieben und den Teig 20 Minuten backen. Aus dem Ofen nehmen und die Teigplatte vollständig abkühlen lassen. Anschließend in Riegel à 10 x 3 cm schneiden.

Gefüllte Mandeltaler

für etwa 10 Stück / aufwendig / verlangt Übung / etwa 4 Wochen haltbar

Teig:

200 g kalte Butter,
in Stücken

150 g Muscovadozucker
(oder feiner brauner
Rohrzucker)

½ TL Salz

2 Eigelb

300 g Mehl

2 TL gemahlener Zimt

Füllung:

125 g gemahlene
Mandeln

125 g Zucker

abgeriebene Schale
von ½ Bio-Zitrone

1 Ei, Größe L

1 Eigelb

1 EL Sahne

einige Mandelblättchen

1 Für den Teig Butter, Zucker und Salz in einer Schüssel mit den Rührbesen des Handrührgeräts verrühren. Die Butter sollte nicht schaumig werden, nur geschmeidig. Eigelbe hinzugeben und weiterrühren.

2 Mehl sieben und mit dem Zimt zur Eimasse geben. Nur so lange weiterrühren, bis ein geschmeidiger Teig entstanden ist. Ist er zu brüchig, etwas Milch oder Wasser dazugeben. Teig zu einer Kugel formen, in Frischhaltefolie wickeln, mindestens 30 Minuten im Kühlschrank ruhen lassen.

3 Für die Füllung Mandeln, Zucker und Zitronenschale gut verrühren. Dann das Ei unterrühren. Den Backofen auf 175 °C Ober-/Unterhitze vorheizen. Ein Backblech mit Backpapier belegen. Das Eigelb mit der Sahne in einer Tasse mischen.

4 Den Teig etwa 5 mm dick ausrollen und Kreise von etwa 8 cm Ø ausstechen. Etwa 10 Kreise auf das Backblech legen, je 1 gehäuften TL Füllung darauf verteilen und mit einem weiteren Teigkreis bedecken. Die Ränder ringsherum andrücken.

5 Mit der Eigelb-Sahne-Mischung bestreichen und mit Mandelblättchen bestreuen. Das Blech mit den Mandeltalern auf die mittlere Schiene in den Backofen schieben und die Taler etwa 20–25 Minuten backen. Herausnehmen und abkühlen lassen.

Warm sind alle Waffeln ein besonderer Genuss. Diese schmecken jedoch –
im Gegensatz zu den gängigen Rührteigwaffeln, die schnell trocken werden –
auch noch nach zwei Wochen vorzüglich.

Belgische Zuckerwaffeln

für etwa 25 Stück / braucht etwas Zeit / gelingt immer / etwa 2 Wochen haltbar

300 g Butter
420 g Mehl
25 g Zucker
¼ TL gemahlene Vanille
¼ TL Salz
2 Eier, Größe L
50 g frische Hefe
200 ml Mineralwasser
250 g Hagelzucker

1 Butter in einem Topf bei geringer Hitze schmelzen und lauwarm
abkühlen lassen. Ein Waffeleisen (für belgische Waffeln) vorbereiten. Mehl, Zucker, Vanille und Salz in eine Schüssel geben. Eier
mit den Rührbesen des Handrührgeräts in einer Schüssel schaumig
schlagen. Hefe zerbröckeln und in einer Tasse mit dem Mineralwasser auflösen.

2 Hefemischung und flüssige Butter zu den Eiern geben und gut
verrühren. Mehlmischung zur Eierbutter geben und mit den
Knethaken des Handrührgeräts in 10 Minuten zu einem Teig kneten.
Anschließend 30 Minuten abgedeckt gehen lassen.

3 Den Hagelzucker unter den Teig rühren und jeweils 1 EL Teig in
das heiße Waffeleisen geben. Den restlichen Teig ebenso zu Waffeln
verarbeiten.

Variante Zuckerbrötchen: Muffinform einfetten und die
Mulden mit dem Teig füllen. 1 Ei und 2 EL Milch verquirlen und die
Brötchen damit bepinseln. Bei 180 °C Ober-/Unterhitze auf die
mittlere Schiene in den Backofen schieben und 25–30 Minuten
backen. Ergibt etwa 20 Brötchen.

Kekse und Kuchen

Cashewkernküchlein

für etwa 12 Stück / braucht Zeit / nicht schwierig / etwa 3 Wochen haltbar

Teig:

110 g kalte Butter, in Stücken

80 g Puderzucker

1 Messerspitze Salz

1 Ei, Größe L

240 g Mehl

3 EL gemahlene Mandeln (30 g)

Füllung:

200 g Sahne

150 g Zucker

50 g Muscovadozucker (oder feiner brauner Rohrzucker)

50 g Honig

¼ TL Salz

30 g Butter

350 g Cashewkerne

1 Butter, Puderzucker und Salz in einer Schüssel mit den Rührbesen des Handrührgeräts verrühren. Die Butter sollte nicht schaumig werden, nur geschmeidig. Das Ei zugeben und weiterrühren.

2 Mehl sieben, mit den Mandeln zur Eimasse geben. Nur so lange weiterrühren, bis ein geschmeidiger Teig entstanden ist. Ist er zu brüchig, etwas Milch oder Wasser dazugeben. Teig zu einer Kugel formen, in Frischhaltefolie wickeln und für 2 Stunden im Kühlschrank ruhen lassen.

3 Aus Backpapier 24 Quadrate à 13 cm schneiden. Den Backofen auf 180 °C Ober-/Unterhitze vorheizen. Eine Muffinform bereitstellen. Je 2 Backpapierquadrate versetzt aufeinanderlegen.

4 Für die Füllung Sahne, Zucker, Honig und Salz in einemTopf zum Kochen bringen und 5 Minuten bei mittlerer Hitze kochen lassen. Butter und Cashewkerne zugeben und 3 Minuten weiterkochen. Topf vom Herd nehmen und die Füllung etwas abkühlen lassen.

5 Den Teig 5 mm dick ausrollen. Kreise à 11 cm Ø ausstechen und auf die vorbereiteten Backpapierquadrate legen. Das Papier mit den Teigkreisen in die Mulden der Muffinform drücken, dabei den Rand nicht andrücken, sondern gewellt lassen. Füllung hineingeben und Küchlein auf der mittleren Schiene im Backofen 30–35 Minuten backen. Herausnehmen und abkühlen lassen.

Verpackungstipp

Zum Verschenken das Backpapier nicht entfernen. Die Küchlein sehen so besonders attraktiv aus, und es wird sofort deutlich, dass es eine selbst gemachte Köstlichkeit ist.

Gewürzecken

für etwa 50 Stück / Ruhezeiten beachten / einfach / etwa 2 Monate haltbar

150 g weiche Butter

100 g Zucker

3 EL Melasse oder
Zuckerrübensirup
(Bioladen)

250 g Mehl

1 gestrichener TL
gemahlener Ingwer

1 TL gemahlener Zimt

½ TL gemahlene
Gewürznelken

½ TL gemahlene
Muskatnuss

½ TL Natron

1 Prise Salz

5 EL Mandelblättchen

1 Butter, Zucker, Melasse und 1 EL kaltes Wasser mit den Knethaken des Handrührgeräts in einer Schüssel gut verrühren. Mehl mit Gewürzen, Natron und Salz vermischen und unter die Buttermischung rühren, bis sich eine geschmeidige Masse gebildet hat. Aus dem Teig eine Kugel formen, in Frischhaltefolie wickeln und mindestens 1 Stunde im Kühlschrank ruhen lassen.

2 Teig aus dem Kühlschrank nehmen und vor dem Ausrollen etwas temperieren lassen. Den Backofen auf 180 °C Ober-/Unterhitze vorheizen. Ein Stück Backpapier mit Mandelblättchen bestreuen und den Teig darauf etwa 2–3 mm dünn ausrollen. Ein Backblech mit Backpapier belegen.

3 Mit einem Pizzaschneider oder Messer Rechtecke à 5 x 4 cm aus dem Teig schneiden und diese mit der Mandelseite nach oben auf das Backpapier legen (das geht am besten mit einer Palette). Auf die mittlere Schiene in den Backofen schieben und 6–8 Minuten backen. Herausnehmen und abkühlen lassen.

Tipp Wenn der Teig ausgerollt ist, wird er etwas wärmer und weicher. Wenn es dadurch Schwierigkeiten gibt, die Kekse von der Arbeitsplatte auf das Blech zu bekommen, die fertig ausgerollte Teigplatte noch einmal kurz in den Kühlschrank stellen.

Verpackungstipp Zum Verschenken sammle ich alles, was ich an Verpackungen finde. Pappschachteln oder auch Schuhkartons können ganz einfach mit Geschenkpapier beklebt werden – das Ergebnis ist eine individuelle Verpackung, die noch dazu kaum etwas kostet.

Rum-Babas

für etwa 25 Stück (8 cm Ø) / aufwendig / verlangt Übung / etwa 2–3 Wochen haltbar

Teig:

500 g Mehl

1 Würfel frische Hefe
(42 g, oder 2 Päckchen
Trockenhefe)

80 g Zucker

200 ml Milch, lauwarm

3 Eigelb

2 Eier, Größe L

½ TL Salz

½ TL gemahlene Vanille

abgeriebene Schale
von 1 Bio-Zitrone

150 g flüssige Butter

Sirup:

250 g Zucker

150 ml Rum

1 Für den Teig Mehl in eine große Schüssel geben und in der Mitte eine Mulde formen. Die Hefe hineingeben und 1 EL Zucker darüberstreuen. Milch dazugeben und mit einer Gabel verrühren, bis die Hefe sich aufgelöst hat. Den Vorteig abgedeckt an einem warmen Ort etwa 20 Minuten gehen lassen.

2 Restlichen Zucker, Eigelbe, Eier, Salz, Vanille, Zitronenschale und die flüssige Butter zugeben und alles mit den Knethaken des Handrührgeräts zu einem geschmeidigen Teig verarbeiten. Wenn er sich beim Kneten vom Schüsselrand löst, ist er genau richtig. Den Teig abgedeckt an einem warmen Ort 1 Stunde gehen lassen.

3 Die Formen fetten. Geeignet sind kleine Baba-, Minigugelhupf-, Saverin- oder Muffinformen von etwa 8 cm Ø. Den Backofen auf 180 °C Ober-/Unterhitze vorheizen. Den Teig in die Formen verteilen. Dafür am besten Kugeln formen, in der Mitte ein Loch machen und die Ringe hineinlegen. Die Formen nicht zu voll machen, die Babas gehen noch auf. Weitere 20 Minuten gehen lassen. Die Formen auf ein Backblech stellen, auf die mittlere Schiene in den Backofen schieben und die Babas 20 Minuten backen.

4 Für den Sirup 500 ml Wasser mit dem Zucker langsam aufkochen und dabei rühren, damit sich der Zucker auflöst. 1 Minute kochen lassen und den Topf vom Herd nehmen. Den Rum unterrühren. Die noch heißen fertigen Babas auf ein Gitter stürzen und so lange von allen Seiten mit dem Sirup begießen, bis er aufgebraucht ist. Den heruntertropfenden Sirup mit einem Teller auffangen und erneut darübergießen. Je feuchter die Babas sind, desto besser schmecken sie.

Kekse und Kuchen

Varianten Die Babas lassen sich ganz einfach variieren, indem der Rum durch eine andere Flüssigkeit ersetzt wird. Getestet und für gut befunden habe ich: *Grand-Marnier-Babas, Kaffee-likör-Babas* und *Amaretto-Babas*.

Mini-Babas im Glas: Sie können auch je 7–8 Mini-Babas in vorbereitete Gläser (500 ml Inhalt) füllen, mit 250 ml heißem Sirup übergießen und die Gläser gut verschließen. So halten sie sich mindestens 3 Monate und sind noch saftiger. Da sie in dem Sirup schwimmen sollen, muss die Sirupmenge aus dem Rezept für diese Variante verdoppelt werden. Ich backe die Babas dafür gern in ganz kleinen Formen (3 cm Ø), dann passen sie besser in die Gläser, und man kann sie leichter essen. Achtung: Die Backzeit verringert sich, wenn die Babas kleiner sind.

Mohn-Orangen-Kuchen im Glas

für 8 Gläser à 290 ml / schnell / nicht allzu schwierig / etwa 3 Monate haltbar

Teig:

250 g weiche Butter

220 g Zucker

¼ TL gemahlene Vanille

abgeriebene Schale
von 1 Bio-Orange

3 Eier, Größe L

300 g Mehl

2 TL Backpulver

1 Prise Salz

50 g Mohn

125 ml Milch

Sirup:

200 g Zucker

220 ml Orangensaft

abgeriebene Schale
von 2 Bio-Orangen

1 EL Grand Marnier
nach Belieben

1 Die Einmachgläser sterilisieren (Seite 221). Gummiringe in kaltes Wasser legen. Gläser gut fetten, dabei den Rand unbedingt freilassen. Er muss zum Verschließen ganz sauber sein. Eine Flasche (etwa 300 ml) für den Sirup vorbereiten. Den Backofen auf 175 °C Ober-/Unterhitze vorheizen.

2 Butter mit Zucker, Vanille und Orangenschale in einer Schüssel mit den Rührbesen des Handrührgeräts schaumig schlagen. Die Eier nacheinander zugeben und jedes Ei etwa 30 Sekunden unterrühren.

3 Mehl, Backpulver und Salz in eine zweite Schüssel sieben, Mohn dazugeben und die Mischung abwechselnd mit der Milch nach und nach in den Teig rühren.

4 Den Teig auf die Gläser verteilen, dabei nur zu zwei Dritteln füllen und darauf achten, dass die Ränder sauber bleiben. Anschließend auf einem Blech auf der mittleren Schiene des Backofens 30 Minuten backen. Gläser herausnehmen und sofort verschließen.

5 Für den Sirup Zucker, Orangensaft und -schale langsam in einem Topf erwärmen, bis sich der Zucker aufgelöst hat, dabei gelegentlich umrühren. Aufkochen und 5 Minuten köcheln lassen. Nach Belieben 1 EL Grand Marnier zugeben. Den Sirup in die Flasche füllen und mit einer Notiz zum Kuchen verschenken, dass der Kuchen mit dem Sirup getränkt werden soll.

Variante Kastenmohnkuchen: Teig in einer 25 cm langen, gefetteten Kastenform 60–70 Minuten bei 175 °C Ober-/Unterhitze im vorgeheizten Backofen backen (Garprobe machen). Kuchen herausnehmen, 10 Minuten abkühlen lassen, aus der Form stürzen, mit einem Holzstäbchen mehrmals einstechen und mit dem Sirup tränken. Der Kuchen schmeckt auch ohne Sirup wunderbar.

Brownies mit Frischkäse

für 25–30 Stück / schnell / ziemlich einfach / etwa 6 Tage haltbar

Teig:

250 g Schokolade, 70 % Kakaoanteil

125 g Schokolade, 60 % Kakaoanteil

250 g Butter

1 EL Melasse oder Zuckerrübensirup (Bioladen)

450 g Zucker

5 Eier, Größe L

200 g Mehl

1 gehäufter TL Backpulver

1 gestrichener TL Salz

Belag:

350 g Frischkäse

100 g weiche Butter

130 g Zucker

3 Eier, Größe L

1 Für den Teig Schokolade grob hacken, mit der Butter in einer großen Schüssel über dem Wasserbad schmelzen und etwas abkühlen lassen. Melasse, Zucker und Eier in einer zweiten Schüssel verrühren und zur Schokoladenmischung geben. Mehl, Backpulver und Salz mischen und ebenfalls unterrühren. 500 g des Teigs (etwa ein Drittel) beiseitestellen.

2 Den Backofen auf 160 °C Ober-/Unterhitze vorheizen. Ein Backblech mit Backpapier belegen. Einen Backrahmen (etwa 30 x 25 cm) auf das Blech stellen. Den restlichen Teig in den Backrahmen geben.

3 Für den Belag Frischkäse mit Butter, Zucker und Eiern verrühren und über dem Schokoteig verstreichen. Den beiseitegestellten Teig in großen Tupfen mit einem Löffel auf der Frischkäsemasse verteilen und mit einer Gabel oder einem Holzstäbchen durchziehen, sodass eine Marmorierung entsteht.

4 Brownies auf der mittleren Schiene in den Backofen schieben und 50–60 Minuten backen. Herausnehmen und sofort vom Blech heben, damit der Teig nicht weitergart und schön weich bleibt. Teigplatte in kleine Rechtecke à 6 x 5 cm schneiden.

Tipp Die Brownies können natürlich auch in einem tiefen Backblech oder einer flachen Form gebacken werden, das Herauslösen ist dann allerdings schwieriger. Die Form muss gut gefettet sein oder mit Backpapier ausgelegt werden.

Turrón ist eine südeuropäische Leckerei aus Mandeln, die wahrscheinlich die Araber nach Spanien und Italien brachten. Vor allem zur Weihnachtszeit ist er dort sehr beliebt. Er schmeckt aber auch im Sommer zu Latte macchiato oder Espresso.

Turrón

für etwa 24 Stück / ohne Backen / verlangt Fingerspitzengefühl / etwa 3 Wochen haltbar

400 g Zucker
500 g gemahlene Mandeln
abgeriebene Schale von 1 Bio-Zitrone
¼ TL gemahlene Vanille
1 Prise Salz
5 Eigelb
6 große Backoblaten à 20 x 12 cm

1 Zucker und 250 ml Wasser in einem Topf aufkochen. 12 Minuten köcheln lassen, bis sich kleine Bläschen bilden und ein sirupartiger Saft entsteht. Dabei immer wieder umrühren. Mandeln mit Zitronenschale, gemahlener Vanille und Salz vermischen und in den Sirup rühren. Anschließend unter ständigem Rühren die Eigelbe zugeben. Wenn die Masse fest genug ist, den Topf vom Herd nehmen. Ist die Masse recht flüssig, noch ein paar Minuten unter Rühren weiterkochen.

2 Ein Backblech mit Backpapier belegen, 3 Backoblaten nebeneinander auf das Backpapier legen. Die Mandelmasse darauf verteilen und mit den restlichen Oblaten bedecken. Etwas abkühlen lassen und mit einem oder zwei Büchern beschweren, damit die Oberfläche schön glatt wird. Vollständig abkühlen und trocknen lassen, am besten über Nacht bei Zimmertemperatur. Anschließend in Riegel à 10 x 3 cm schneiden.

Pralinen

Selbst gemachte Pralinen sind etwas ganz Besonderes. Ihr weicher Schmelz lohnt die aufwendige Herstellung auf jeden Fall. Männer lieben meist Sahnetrüffel, während die Freundinnen meiner Erfahrung nach die Frucht-pralinen sehr zu schätzen wissen.

Mangopralinen

für etwa 40 Stück / braucht Zeit / verlangt Fingerspitzengefühl / etwa 7 Tage haltbar

1 kleine Mango
(oder 100 g Mangomus,
Asialaden)

2 EL Zucker

250 g weiße Schokolade

1 TL Kurkuma

50 g Joghurt (mind.
3,5 % Fett)

30–60 Pralinen-Hohlku-
geln (je nach Größe)

Deko:
Zuckerstreusel und
Zuckerperlen

1 Mango schälen, das Fruchtfleisch vom Stein schneiden und pürieren, 100 g abmessen und mit dem Zucker verrühren. (Bei fertigem Mangomus den Zucker weglassen).

2 Von der Schokolade 100 g grob hacken und in einer Metall-schüssel über dem Wasserbad schmelzen. Erst Mangomus und Kurkuma und anschließend den Joghurt unterrühren. Die Masse in einen Spritzbeutel füllen und die Hohlkugeln damit füllen. Die restliche Schokolade ebenfalls über dem Wasserbad schmelzen, in einen Spritzbeutel füllen und die Kugeln damit verschließen. Pralinen bei Zimmertemperatur fest werden lassen.

3 Zur Dekoration Zuckerstreusel oder -perlen mit etwas flüssiger weißer Schokolade auf die Pralinen kleben. Dazu einfach einen kleinen Tropfen mit dem Finger auf die Praline tupfen und die Dekoration daraufsetzen. Dafür reicht ein Hauch Schokolade. (Ich nehme immer einen Rest vom Schüsselrand.)

Tipp Damit die Pralinen wirklich schmecken, sollte die Mango von bester Qualität sein, also lieber eine teure Flugmango als eine Billigmango aus dem Supermarkt nehmen. Ansonsten lieber ein fertiges Mus aus dem Asialaden verwenden. Die Pralinen-Hohl-kugeln gibt es im Internet-Fachhandel (z. B. www.backfun.de).

Pralinen

Erdbeerpralinen

für etwa 60 Stück / braucht Zeit / verlangt Fingerspitzengefühl / etwa 2 Wochen haltbar

350 g weiße Schokolade

100 g Erdbeeren

1 EL frisch gepresster Zitronensaft

1 EL Himbeeressig

25 g Butter

280 g Vollmilchschokolade

1 Schokolade hacken, in eine Metallschüssel geben, beiseitestellen. Erdbeeren pürieren, mit Zitronensaft und Himbeeressig in einen Topf geben, einmal aufkochen lassen. Vom Herd nehmen. Schokolade ins Wasserbad stellen und das Beerenmus zur Schokolade geben. Rühren, bis die Schokolade geschmolzen ist. Butter einrühren. Sollte die Butter nicht schmelzen, die Masse noch einmal kurz erwärmen. Eine quadratische Form à 16 cm mit Backpapier auslegen. Masse in die Form füllen, mindestens 5 Stunden abkühlen lassen.

2 Schokoladenblock aus der Form nehmen und in mundgerechte Würfel schneiden. Die Vollmilchschokolade nach Anleitung (Seite 218) temperieren und die Würfel damit überziehen. Dafür die Würfel mit einer Pralinengabel in die flüssige Schokolade tauchen und auf Backpapier setzen, fest werden lassen (Seite 219).

Himbeerpralinen

für etwa 50 Stück / braucht Zeit / verlangt Fingerspitzengefühl / etwa 2 Wochen haltbar

225 g Schokolade, 50–60 % Kakaogehalt

100 g Himbeeren (frisch oder TK)

1 EL frisch gepresster Zitronensaft

1 EL Himbeeressig

frisch gemahlener schwarzer Pfeffer

25 g Butter

300 g Schokolade, 60 % Kakaoanteil

1 Schokolade hacken, in eine Metallschüssel geben, beiseitestellen. Himbeeren pürieren, mit Zitronensaft und Essig in einem Topf aufkochen. Etwas Pfeffer dazugeben. Vom Herd nehmen. Schokolade ins Wasserbad stellen und das Beerenmus zur Schokolade geben. Rühren, bis die Schokolade geschmolzen ist. Butter einrühren. Sollte die Butter nicht schmelzen, die Masse noch einmal kurz erwärmen. Eine quadratische Form à 15 cm mit Backpapier auslegen. Masse in die Form füllen, mindestens 5 Stunden abkühlen lassen.

2 Schokoladenblock aus der Form nehmen und in mundgerechte Würfel schneiden. Die Schokolade nach Anleitung (Seite 218) temperieren und die Würfel damit überziehen. Auf Backpapier setzen, fest werden lassen (Seite 219).

Tipp Für die bunten Muster auf den Pralinen im Foto gibt es Folien im Internet-Fachhandel (z. B. www.backfun.de) zu kaufen.

Pralinen

Sahnetrüffel

für etwa 60 Stück / braucht Zeit / verlangt Fingerspitzengefühl / etwa 10 Tage haltbar

1 Vanilleschote
350 g Sahne
1 Prise Salz
200 g Zucker
250 g weiche Butter
400 g Schokolade nach
Belieben

Deko:
50 g weiße Schokolade

1 Vanilleschote längs aufschneiden, mit Sahne und Salz in einen Topf geben und aufkochen. Vom Herd nehmen und 10 Minuten ziehen lassen, dabei nicht rühren, damit die Aromen in der Sahne bleiben. Dann den Zucker unterrühren, bis er sich aufgelöst hat. Auf Zimmertemperatur abkühlen lassen, die Vanilleschote entfernen.

2 Ein Backblech mit Backpapier belegen. Butter mit den Rührbesen des Handrührgeräts schaumig rühren und die abgekühlte Vanillesahne darunterschlagen. Die Masse in einen Spritzbeutel mit mittlerer Lochtülle füllen und walnussgroße Kugeln auf das Backpapier spritzen. Das Blech mit den Trüffelkugeln mindestens 45 Minuten in den Gefrierschrank stellen.

3 Die Schokolade über dem Wasserbad schmelzen. Jeweils 5–10 Kugeln aus dem Gefrierschrank nehmen und mit der flüssigen Schokolade überziehen. Dafür die Kugeln mit einer Pralinengabel in die Schokolade tauchen (Seite 219). Die Trüffeln auf Backpapier legen und fest werden lassen.

4 Für die Deko die weiße Schokolade grob hacken und über dem Wasserbad schmelzen, in einen Gefrierbeutel füllen und ein kleines Loch in die Ecke des Beutels schneiden. Damit Streifen auf die Pralinen zeichnen und trocknen lassen.

Tipp Alle Pralinen müssen im Kühlschrank aufbewahrt werden, sonst verderben sie schnell.

Variante *Kaffee- oder Amarettotrüffel*: 100 ml Kaffeelikör (z. B. Kahlúa) oder Amaretto zusammen mit der Sahne unter die Butter rühren. Bei den Kaffeetrüffeln schmeckt mir dunkle Schokolade als Überzug am besten, bei den Amarettotrüffeln Vollmilchschokolade.

Für besondere Anlässe

Glühweinessenz

für 2 Flaschen à 500 ml / muss ziehen / einfach / etwa 1 Jahr haltbar

750 ml Rotwein

400 g brauner Kandis-
zucker

abgeriebene Schale
von 1 Bio-Zitrone

abgeriebene Schale
von 2 Bio-Orangen

3 Zimtstangen

8 Gewürznelken

3 Sternanis

3 Scheiben Ingwer-
wurzel

1 Vanilleschote, längs
aufgeschnitten

500 ml Portwein

100 ml brauner Rum,
54 Vol.-%

Foto vorige Seite

1 Rotwein mit Kandiszucker, Zitrusschalen und Gewürzen in einen Topf geben und langsam erwärmen. Dabei rühren, bis sich der Zucker aufgelöst hat. Anschließend die Temperatur erhöhen, das Ganze aufkochen und in 20–30 Minuten sirupartig einkochen, dann abkühlen lassen.

2 Portwein und Rum unterrühren. In ein steriles großes Glas füllen und eine Woche an einem kühlen dunklen Ort durchziehen lassen. Die Essenz durch ein mit einem Küchentuch ausgelegtes Sieb gießen, in die vorbereiteten Flaschen füllen und gut verschließen. Mit Anleitung verschenken.

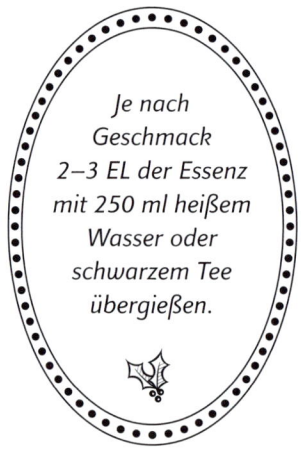

Je nach Geschmack 2–3 EL der Essenz mit 250 ml heißem Wasser oder schwarzem Tee übergießen.

Lebkuchenlikör

für 1 Flasche à 750 ml / schnell gemacht / einfach / etwa 2–3 Monate haltbar

100 g Puderzucker
100 g Schokolade,
60 % Kakaoanteil
400 ml H-Sahne
50 ml H-Vollmilch
2 gestrichene TL
Lebkuchengewürz
200 ml Weizenkorn

Puderzucker in eine Tasse sieben. Schokolade in Sahne und Milch über dem Wasserbad schmelzen. Puderzucker unterrühren, bis er sich aufgelöst hat. Lebkuchengewürz und Korn unterrühren. Sofort in eine sterile Flasche füllen. Im Kühlschrank aufbewahren.

Variante *Kaffeelikör/Zimtlikör:* Statt des Lebkuchengewürzes Espressopulver oder gemahlenen Zimt verwenden.
Vanillelikör: Weiße Schokolade verwenden und statt des Lebkuchengewürzes zum Aromatisieren Mark von 1 Vanilleschote nehmen.

Früchtebrot

für 2 Stück / braucht Vorbereitung / ziemlich einfach / etwa 1 Monat haltbar

120 g Datteln
500 g Rosinen
250 g Sultaninen
200 g Cranberrys
100 g Orangeat
20 g Zitronat
140 g Mandelblättchen
250 ml Sherry
250 g weiche Butter
120 g brauner Rohr-
zucker
4 Eier, Größe L
300 g Mehl
1 TL Backpulver
1 TL gemahlener Zimt
½ TL gemahlener
Piment
1 Prise Salz

1 Die Datteln entkernen und klein schneiden. Zusammen mit Rosinen, Sultaninen, Cranberrys, Orangeat, Zitronat und Mandeln über Nacht in 200 ml Sherry einlegen.

2 Am nächsten Tag den Backofen auf 160 °C Ober-/Unterhitze vorheizen. Zwei kleine Kastenformen (à 20 cm Länge) fetten oder mit Backpapier auslegen. Für den Teig die Butter in einer großen Rührschüssel mit den Rührbesen des Handrührgeräts schaumig schlagen, Zucker und nacheinander die Eier unterrühren.

3 Mehl in einer Schüssel mit Backpulver, Zimt, Piment und Salz vermischen und über die Eiermasse sieben, alles zu einem geschmeidigen Teig verarbeiten. Die eingelegten Trockenfrüchte unterrühren. Die Früchtebrotmasse auf die zwei Kastenformen verteilen, auf die mittlere Schiene in den Backofen schieben und 2 Stunden backen. Aus dem Ofen nehmen und den heißen Kuchen sofort mit dem restlichen Sherry begießen.

Tipp Die Trockenfrüchte kann man nach Belieben variieren und z. B. auch Pflaumen oder Aprikosen verwenden, ebenso ist das Mischungsverhältnis von Rosinen und Trockenfrüchten nach Belieben veränderbar.

Glückskeksadventskalender

für 2 Stück / braucht Zeit / für geübte Bäcker / etwa 2–3 Monate haltbar

3 Eiweiß (100 g)

1 Prise Salz

250 g Puderzucker

100 g flüssige Butter

150 g Mehl

50 g gemahlene Mandeln

4 Tropfen Bittermandelöl

120 ml Milch

1 Kleine Zettelchen mit 48 Weisheiten, Glückwünschen oder anderen Botschaften bereitlegen. Eiweiße mit den Rührbesen des Handrührgeräts schaumig, aber nicht steif schlagen. Mit Salz, Puderzucker und Butter glatt rühren. Nacheinander Mehl, Mandeln und Bittermandelöl unterrühren. Milch dazugeben. Der Teig sollte nicht zu flüssig sein, sich aber dennoch leicht auf Backpapier verteilen lassen.

2 Den Backofen auf 200 °C Ober-/Unterhitze vorheizen. Ein Backblech mit Backpapier belegen. Jeweils 1 EL Teig auf das Backpapier geben und zu einem Kreis von 8 cm Ø verstreichen. Nicht mehr als 6 Kreise auf einmal backen, weil sie sonst nach dem Backen nicht schnell genug geformt werden können. Das Backblech auf die mittlere Schiene in den Backofen schieben und die Teigkreise 10 Minuten backen, bis die Ränder leicht gebräunt sind.

3 Anschließend die Backofentür öffnen und die Glückwunschzettel möglichst noch im Ofen auf den Keksen verteilen. Jeden Keks zuklappen und über einen Becherrand hängen, damit er die typische Glückskeksform bekommt. Die fertigen Kekse mit schönen Geschenkbändern an eine Stange oder einen Ring (aus dem Bastelladen) hängen.

Tipp Die Kekse werden sofort hart, wenn sie abkühlen, und können dann nicht mehr zusammengeklappt werden. Daher müssen Sie zügig arbeiten. Wenn Sie möchten, können Sie die Ränder der Zettel mit Zahlen von 1 bis 24 versehen und diese etwas aus dem Keks herausstehen lassen.

Panforte di Siena

für 1 Stück / *schnell* / *eine klebrige Angelegenheit* / *etwa 3 Monate haltbar*

100 g Orangeat
100 g Zitronat
50 g Mehl, 40 g Kakao
1 TL gemahlener Zimt
je ¼ TL gemahlene
Gewürznelken + Ingwer
je ¼ TL gemahlene
Muskatnuss + Koriander
1 Prise Salz
je 100 g Haselnuss-
kerne, Mandeln,
blanchiert
100 g Zucker
100 g Honig
1 EL Puderzucker

1 Orangeat und Zitronat fein hacken, beiseitestellen. Den Backofen auf 150 °C Ober-/Unterhitze vorheizen. Eine Springform (26 cm Ø) mit Backpapier auslegen. Mehl, Kakao, alle Gewürze und Salz in eine große Rührschüssel sieben und vermischen. Nüsse, Mandeln, Orangeat und Zitronat dazugeben und alles gut vermischen.

2 Zucker und Honig in einem großen Topf erwärmen (nicht kochen!) und dabei ständig rühren, damit sich der Zucker auflöst. Die Mehlmischung mit einem Spatel unterheben – das ist nicht ganz einfach, da der Teig klebt.

3 Den Teig in die Springform füllen und glätten. Notfalls die mit etwas Speiseöl angefeuchteten Hände zu Hilfe nehmen. Die Form auf die mittlere Schiene in den Backofen schieben und 30 Minuten backen. Den fertigen Panforte herausnehmen, abkühlen lassen und mit Puderzucker bestäuben.

Ostern

Man glaubt es kaum, aber es gibt Alternativen zu Schokoladeneiern und Osterhasen aus dem Supermarkt. Für die gefüllten Ostereier brauchen Sie leere Eierschalen – fangen Sie rechtzeitig mit dem Sammeln an.

Gefüllte Ostereier

für 14 Stück / braucht Vorbereitung / verlangt Übung / etwa 3 Tage haltbar

14 leere ganze Eierschalen

300 g Vollmilchschokolade

200 ml Sahne

1 Von den Eierschalen mit einem scharfen Messer vorsichtig einen Deckel abschneiden. Die Schalen heiß ausspülen und die Eihaut entfernen. Trocknen lassen.

2 Schokolade in eine Metallschüssel bröckeln, mit Sahne übergießen. Sahne und Schokolade über dem Wasserbad schmelzen, abkühlen lassen und über Nacht in den Kühlschrank stellen.

3 Am nächsten Tag die Schokoladensahne mit den Rührbesen des Handrührgeräts in einer Schüssel cremig aufschlagen und in einen Spritzbeutel (oder Gefrierbeutel mit Loch) füllen. Die Masse in die Eierschalen spritzen.

Tipp Gefüllte Ostereier und Pralinen bitte immer im Kühlschrank aufbewahren.

Variante *Weiße Ostereier*: Für eine helle Mousse einfach 200 ml Sahne und 400 g weiße Schokolade verwenden.

Eierpralinen

für 35 Stück / braucht Vorbereitung / verlangt Übung / etwa 14 Tage haltbar

150 g weiße Schokolade oder Vollmilchschokolade

130 ml Eierlikör oder Baileys

50 g weiche Butter

70 halbe Eier-Hohlformen aus Schokolade

1 Schokolade fein hacken. Eierlikör oder Baileys in einem Topf aufkochen und 1 Minute kochen lassen. Vom Herd nehmen und erst die Butter und dann die Schokolade in der Flüssigkeit schmelzen. Mindestens 2 Stunden im Kühlschrank fest werden lassen.

2 Schokoladenmasse mit den Rührbesen des Handrührgeräts aufschlagen und in einen Spritzbeutel (oder Gefrierbeutel mit Loch) füllen. Die Füllung in die Hälfte der Hohlformen verteilen. Die Füllung kann ruhig bis zum Rand gehen.

3 Die restlichen Hohlformen jeweils mit dem Rand auf eine heiße Platte o. Ä. halten, sodass er etwas schmilzt. Dann je eine leere auf eine gefüllte Hohlformen setzen. Die Füllung fest werden lassen.

Tipp Die benötigten Ei-Hohlformen gibt es im Internet-Fachhandel (z. B. www.backfun.de).

Marzipaneier mit Krokant

für 30 Stück / braucht Vorbereitung / verlangt Übung / etwa 3 Wochen haltbar

50 g Zucker

100 g Pistazienkerne

300 g Marzipan

240 g Schokolade, 70 % Kakaoanteil

gehackte Pistazienkerne

1 Zucker in einer beschichteten Pfanne ohne Rühren bei mittlerer Hitze hellbraun karamellisieren lassen, Pistazienkerne zugeben und rühren, bis diese vom Karamell überzogen sind. Die Masse auf ein Stück Backpapier geben und etwas flach drücken (dann kann man sie später besser zerkleinern). Krokant abkühlen lassen.

2 Krokant in der Küchenmaschine sehr fein hacken. Das geht auch in einem Gefrierbeutel und mit dem Rollholz. Marzipan flach drücken, zerkleinertes Krokant daraufgeben und alles zügig miteinander verkneten, sonst wird das Marzipan ölig.

3 Die Schokolade temperieren (Seite 218). Aus der Masse walnussgroße Eier formen und in die temperierte Schokolade tauchen (Seite 219). Marzipaneier auf Backpapier setzen, mit gehackten Pistazien bestreuen und fest werden lassen.

Tee, Konfitüre und Müsli können Sie zusammen oder auch einzeln verschenken. Da man getrockneten Ingwer für den Chai nur selten im Reformhaus findet, trockne ich ihn selbst. Dafür frischen Ingwer würfeln oder in Scheiben schneiden und über Nacht auf der Heizung trocknen lassen. Er hält sich in einer kleinen Dose mindestens 1 Jahr, trocknen Sie also ruhig einen kleinen Vorrat für den Gewürzschrank.

Chai-Latte-Teemischung

für 30–40 g / schnell / einfach / etwa 1 Jahr haltbar

1 TL getrocknete Ingwerstücke (Seite 219–221 oder Bioladen)

15 Gewürznelken

Samen aus 15 grünen Kardamomkapseln

4 TL schwarze Pfefferkörner

2 Zimtstangen, grob zerbrochen

1 TL Fenchelsamen

4 EL schwarze Teeblätter

Alle Zutaten vermischen und in eine Tüte oder Dose abfüllen. Mit Anleitung verschenken.

Für eine Tasse Chai je 100 ml Milch und Wasser, 1 TL braunen Rohrzucker und 1 EL der Teemischung verwenden. Wasser, Milch, Zucker und Teemischung zusammen in einem Topf aufkochen und 5 Minuten kochen lassen, anschließend durch ein Sieb gießen und aufschäumen.

MÜSLI

Froh
erwache
jeden Morgen

Minz-Johannisbeer-Konfitüre

für 6 Gläser à 250 ml / schnell / einfach / etwa 1 Jahr haltbar

1 Handvoll frische
Minzeblätter

1 kg frische Johannis-
beeren

500 g Gelierzucker 2 : 1

Minzeblätter fein hacken und beiseitestellen. Johannisbeeren waschen, von den Rispen streifen, pürieren und in einem Topf mit dem Gelierzucker vermischen. Auf den Herd stellen, aufkochen und 4 Minuten sprudelnd kochen lassen. Vom Herd nehmen. Gehackte Minze unterrühren, sofort in sterile Twist-off-Gläser füllen und verschließen. Je länger die Konfitüre aufbewahrt wird, desto intensiver wird der Minzgeschmack.

Nussiges Müsli

für etwa 600 g / ziemlich schnell / einfach / etwa 6 Monate haltbar

50 g Butter

50 g Zucker

50 g Honig

200 g Haferflocken

50 g Weizenkeime

40 g Sonnenblumen-
kerne

40 g Kürbiskerne

40 g Pinienkerne

40 g gehackte Walnuss-
kerne

40 g gehackte Mandeln

40 g Chufas (siehe Tipp)

1 TL gemahlener Zimt

Foto vorige Seite

1 Butter, Zucker und Honig in einer Pfanne unter Rühren schmelzen. Haferflocken und Weizenkeime zugeben, 3 Minuten bei mittlerer Hitze rösten und abkühlen lassen.

2 Sonnenblumen-, Kürbis-, Pinien-, Walnusskerne und Mandeln in einer beschichteten Pfanne ohne Fett goldbraun rösten und abkühlen lassen. Beide Röstmischungen, die Chufas und den Zimt miteinander verrühren.

Tipp Besonders schön sieht das Müsli aus, wenn Sie noch ein paar getrocknete Blütenblätter untermischen. Chufas gibt es im Bioladen, und wir alle lieben diese äußerst ballaststoffreichen, gesunden Erdmandelflocken. Sie können stattdessen auch gehackte Mandeln, Nüsse oder Haferflocken verwenden.

Variante *Fruchtmüsli* oder *Schokomüsli*: Klein geschnittene Trockenfrüchte oder Schokostücke nach Belieben unter das Müsli mischen. Ich lasse dann den Zimt weg.

Verpackungstipp Zum Verpacken durchsichtige Joghurtbecher mit Pappe bekleben, in die Sie ein Loch geschnitten haben. Durch das Loch kann man sehen, was sich im Becher befindet.

Für Morgenmuffel

Geburt

Mütter von Neugeborenen brauchen viel Energie — nicht nur zum Stillen. Energiewürfel sind ein wohlschmeckender Lieferant dafür.

Mamas Energiewürfel

für 70–80 Stück / ziemlich schnell / einfach / etwa 4 Wochen haltbar

200 g Butter

180 g heller Sirup

130 g Erdnussbutter

¼ TL gemahlene Vanille

30 g Mehl

30 g gemahlene Mandeln

½ TL Lebkuchengewürz

300 g zarte Haferflocken

1 TL abgeriebene Schale von 1 Bio-Orange

200 g brauner Rohrzucker

50 g Kokosraspel

50 g geröstete Sesamsamen

100 g Sonnenblumenkerne (oder Kürbiskerne)

200 g gehackte Datteln (ersatzweise Rosinen)

1 Butter und Sirup in einem Topf erwärmen, bis die Butter geschmolzen ist. Vom Herd nehmen, Erdnussbutter und Vanille unterrühren. Die restlichen Zutaten in einer Schüssel gut vermischen und die Buttermischung mit den Knethaken des Handrührgeräts unterrühren. Den Backofen auf 170 °C Ober-/Unterhitze vorheizen. Ein Backblech mit Backpapier belegen.

2 Die Masse 3 cm dick auf dem Backblech verteilen (ich stelle einen Backrahmen darum, dann kann ich die Höhe selbst bestimmen). Backblech auf die mittlere Schiene in den Backofen schieben und 25 Minuten backen. Herausnehmen, abkühlen lassen und in Würfel schneiden.

Geburtstagskuchen

für 1 Stück / eindrucksvoll / nicht allzu schwierig / etwa 3 Tage haltbar

Teig:

5 Eier, Größe L

450 g Zucker

¼ TL gemahlene Vanille

750 g Mehl

¼ TL Salz

1½ Päckchen Backpulver

500 g Sauerrahm

150 ml Sonnen-
blumenöl

200 g Himbeer-
konfitüre

Belag:

200 g weiße Schokolade

125 g weiche Butter

80 g Puderzucker

360 g Frischkäse

1 Den Backofen auf 160 °C Umluft vorheizen. Für den Teig Eier mit Zucker und Vanille mit den Rührbesen des Handrührgeräts in einer Schüssel schaumig schlagen. Mehl mit Salz und Backpulver mischen und abwechselnd mit Sauerrahm und Öl unter den Teig rühren.

2 Drei unterschiedlich große Springformen (24/26/28 cm Ø) einfetten. Den Teig auf die Formen verteilen und auf der mittleren Schiene im Backofen 40–45 Minuten backen. Garprobe machen, die fertigen Böden herausnehmen und etwas abkühlen lassen. Aus den Formen lösen, auf einem Kuchengitter vollständig abkühlen lassen.

3 Die Kuchenoberfläche gerade schneiden. Die zwei größeren Böden mit der Konfitüre bestreichen und die drei Böden aufeinandersetzen, den kleinsten Boden nach oben.

4 Für den Belag die Schokolade über dem Wasserbad schmelzen, beiseitestellen. Butter und Puderzucker in einer Schüssel mit den Rührbesen des Handrührgeräts auf höchster Stufe schaumig schlagen. Frischkäse und geschmolzene Schokolade unterrühren.

5 Die Kuchenböden rundherum mit der Schokoladenmasse bestreichen und mit dem Rücken eines Teelöffels überall kleine Spitzen herausziehen. Nach Belieben mit Kerzen, Blumen oder Pralinen verzieren.

Tipp Wer keine drei Springformen hat, kann den Teig in einem größenverstellbaren Tortenring auf Backpapier nacheinander backen.

Geburtstags-Tartelettes

für etwa 24 Stück / Kühlzeit beachten / verlangt Übung / etwa 5 Tage haltbar

Teig:

200 g kalte Butter,
in Stücken

100 g Puderzucker

½ TL gemahlene Vanille

1 Prise Salz

2 Eigelb

400 g Mehl

Füllung:

170 g gesüßte
Kondensmilch (1 Tube)

100 g Sahne

¼ TL gemahlene Vanille

1 Ei, Größe L

1 Eigelb

100 g Kokosflocken
(ersatzweise gemahlene
Mandeln oder Hasel-
nusskerne)

Belag:

200 g Schokolade,
70 % Kakaoanteil

80 g Butter

1 EL Honig

Zuckerschrift

1 Für den Teig Butter, Puderzucker, Vanille und Salz in einer Schüssel mit den Rührbesen des Handrührgeräts verrühren. Die Butter sollte nicht schaumig werden, nur geschmeidig. Eigelb hinzugeben und weiterrühren.

2 Mehl sieben und auf einmal zur Eimasse geben. Nur so lange rühren, bis ein glatter Teig entstanden ist. Ist er zu brüchig, etwas Milch oder Wasser dazugeben. Teig zu einer Kugel formen, in Frischhaltefolie wickeln und 2 Stunden in den Kühlschrank legen.

3 Den Backofen auf 200 °C vorheizen. Teig ausrollen und 24 Mini-Tarteletteförmchen (5 cm Ø) damit auskleiden. Ersatzweise können Sie auch ein Muffinblech verwenden, den Boden der Muffinmulden mit Teig belegen und den Rand etwa 2 cm hochziehen.

4 Für die Füllung alle Zutaten in eine Schüssel geben, mit dem Schneebesen verrühren und in den Förmchen verteilen. Tartelettes auf der mittleren Schiene in den Backofen schieben und 20 Minuten backen, herausnehmen und abkühlen lassen.

5 Für den Belag die gehackte Schokolade in eine Schüssel geben. Butter und Honig zufügen und Schokolade über dem Wasserbad schmelzen. Auf den abgekühlten Tartelettes verteilen. Die Schokolade fest werden lassen und mit Zuckerschrift jeweils einen Buchstaben (z. B. »Happy Birthday« oder »Alles Gute«) auf eine Tartelette malen.

Geburtstag

Gutschein

Die Buchstaben von Russisch Brot eignen sich toll als Grußkarten- oder Gutscheinrätsel: Die Buchstaben backen, die für den gewünschten Spruch oder Satz gebraucht werden, in eine Dose oder Tüte füllen und verschenken. Einen Zettel dazulegen, dass die Buchstaben das Geschenk verraten.

Russisch Brot

für 40–50 Stück / schnell / braucht Fingerfertigkeit / etwa 4 Wochen haltbar

100 g Mehl
15 g Kakao
2 Eiweiß (etwa 75 g)
120 g Puderzucker

1 Den Backofen auf 180 °C Ober-/Unterhitze vorheizen. Ein Backblech mit Backpapier belegen. Mehl und Kakao in einer Schüssel vermischen. Eiweiße und Puderzucker mit den Rührbesen des Handrührgeräts in einer zweiten Schüssel schaumig, aber nicht steif schlagen. Mehlmischung unterrühren.

2 Teig in einen Gefrierbeutel füllen, eine Ecke abschneiden und damit Buchstaben auf das Backpapier spritzen. Auf die mittlere Schiene in den Backofen schieben, das Russisch Brot 10 Minuten backen.

Wenn zwei sich trauen, ist das ganz wunderbar. Und unsere Lebkuchen-
herzen sind ein schönes Symbol der Liebe.

Lebkuchenherzen

für 12 oder 50 Stück / braucht Ruhezeit / verlangt Übung / etwa 1 Monat haltbar

200 g Butter
550 g Honig
250 g Zucker
3 TL Lebkuchengewürz
30 g Kakao
½ TL Salz
1,2 kg Mehl
1 Päckchen Backpulver
2 Eier, Größe L

Deko:
Zuckerschrift oder
Schokolade

1 Butter, Honig und Zucker in einem Topf bei geringer Hitze langsam erwärmen. Dabei etwas rühren, damit sich der Zucker auflöst. Sobald alles gut vermischt ist, den Topf vom Herd nehmen und die Masse etwas abkühlen lassen.

2 Lebkuchengewürz, Kakao, Salz, Mehl und Backpulver in eine Schüssel sieben. Honigmasse und Eier dazugeben und alles zu einem klebrigen schweren Teig rühren. Das geht am besten mit einer Küchenmaschine, aber auch mit den Knethaken des Handrühr-geräts. Den Teig 12–24 Stunden abgedeckt bei Zimmertemperatur ruhen lassen.

3 Am nächsten Tag den Backofen auf 200 °C Ober-/Unterhitze vorheizen. Ein Backblech mit Backpapier belegen. Den Teig 3 mm dick ausrollen und mit Ausstechern (9 cm oder 19 cm Ø) Herzen ausstechen. In jedes Herz zwei Löcher zum Aufhängen schneiden und die Herzen auf das Backpapier legen.

4 Das Backblech auf der mittleren Schiene in den Backofen schieben und den Teig 10 Minuten backen. Die Herzen heraus-nehmen, abkühlen lassen und mit Zuckerschrift, geschmolzener Schokolade oder einer beliebigen anderen Dekoration verzieren. Für ein Hochzeitsgeschenk bietet es sich an, die Namen des Paares auf die Herzen zu schreiben.

Ein besonderer Liebesbeweis: sich für den Angebeteten oder die Angebetete stundenlang in die Küche stellen. Die nachfolgenden Vorschläge sind besonders herzig!

Baumkuchenherzen klassisch

für etwa 10 Stück / braucht Zeit / leicht zu variieren / etwa 3 Wochen haltbar

6 Eier, Größe L

150 g weiche Butter

150 g Marzipan-
rohmasse

abgeriebene Schale
von ½ Bio-Zitrone

Mark von ½ Vanille-
schote

150 g Zucker

1 Prise Salz

80 g Mehl

70 g Speisestärke

300 g Schokolade
nach Belieben

Zuckerdeko
nach Belieben

1 Eier trennen, Eiweiß beiseitestellen. Eigelbe, Butter, Marzipan, Zitronenschale, Vanillemark und 75 g Zucker mit den Rührbesen des Handrührgeräts auf höchster Stufe schaumig schlagen. Die Zutaten sollten Zimmertemperatur haben, sonst bleiben Marzipan-stückchen im Teig.

2 Eiweiß mit Salz in einer zweiten Schüssel steif schlagen und den restlichen Zucker einrieseln lassen. Ein Drittel des Eischnees in die Eigelbmasse rühren, Mehl und Speisestärke darübersieben und mit einem Teigspatel unterheben. Restlichen Eischnee ebenfalls vorsichtig unterheben.

3 Den Backofen auf 210 °C Oberhitze vorheizen. Eine Springform (26–28 cm Ø) fetten oder einen Backrahmen (20 x 15 cm) auf Backpapier stellen. 3 EL vom Teig auf dem Boden der Form verteilen. Die Form auf die mittlere Schiene in den Backofen schieben und den Teig 2–5 Minuten backen. Die Oberfläche sollte mittelbraun sein. Anschließend weitere 3 EL Teig auf der gebacke-nen Schicht verteilen und wie oben backen. So fortfahren, bis der Teig aufgebraucht ist.

4 Die Teigplatte abkühlen lassen und mit Ausstechern Herzen ausstechen. Schokolade grob hacken und nach Anleitung temperie-ren (Seite 218). Die Baumkuchenherzen damit überziehen. Nach Belieben mit Zuckerdekoration verzieren.

Varianten Die Varianten werden wie der klassische Baum-kuchen gebacken und ebenfalls mit Schokolade überzogen.

Bananenbaumkuchen

6 Eier, Größe L

150 g weiche Butter

150 g Marzipanrohmasse

¼ TL gemahlene Vanille

150 g Zucker

1 Prise Salz

100 g Mehl

80 g Speisestärke

240 g Bananenpürée
(2–3 Bananen)

1 EL Zitronensaft

2 EL Bananenlikör
nach Belieben

300 g Schokolade
nach Belieben

Orangenbaumkuchen

6 Eier, Größe L

150 g weiche Butter

150 g Marzipanrohmasse

¼ TL gemahlene Vanille

150 g Zucker

abgeriebene Schale
von 1 Bio-Orange

6 EL Grand Marnier

1 Prise Salz

100 g Mehl

80 g Speisestärke

300 g Schokolade
nach Belieben

Kaffeebaumkuchen

6 Eier, Größe L

150 g weiche Butter

150 g Marzipanrohmasse

1 EL Schuhbecks
Arabisches Kaffeegewürz

160 g Zucker

abgeriebene Schale
von 1 Bio-Zitrone

1 Prise Salz

80 g Mehl

70 g Speisestärke

30 ml gekochter
Espresso

300 g Schokolade
nach Belieben

Zitronenbaumkuchen

6 Eier, Größe L

150 g weiche Butter

150 g Marzipanrohmasse

¼ TL gemahlene Vanille

150 g Zucker

abgeriebene Schale
von 2 Bio-Zitronen

2 EL frisch gepresster
Zitronensaft

2 TL Zitronenessenz

1 Prise Salz

100 g Mehl

80 g Speisestärke

300 g Schokolade
nach Belieben

Herzlollis

für 5 oder 10 Stück / braucht Zeit / verlangt Übung / etwa 4–6 Wochen haltbar

100 g kalte Butter,
in Stücken

50 g Puderzucker

¼ TL gemahlene Vanille

1 Prise Salz

1 Eigelb

200 g Mehl

50 g Konfitüre
nach Belieben

200 g weiße
Schokolade

Zuckerdekor,
Blütenblätter oder
Schokostreusel
nach Belieben

1 Für den Teig Butter, Puderzucker, Vanille und Salz in einer Schüssel mit den Rührbesen des Handrührgeräts verrühren. Die Butter sollte nicht schaumig werden, nur geschmeidig. Eigelb zugeben und weiterrühren. Mehl sieben und auf einmal zur Eimasse geben. Nur so lange rühren, bis ein glatter Teig entstanden ist. Ist er zu brüchig, etwas Milch oder Wasser dazugeben. Teig zu einer Kugel formen, in Frischhaltefolie wickeln und 2 Stunden in den Kühlschrank legen.

2 Den Backofen auf 200 °C Ober-/Unterhitze vorheizen. Ein Backblech mit Backpapier belegen. Den Teig aus dem Kühlschrank nehmen, etwas ruhen lassen und 4 mm (für gefüllte Herzen 3 mm) dick ausrollen. Mit einem Ausstecher 10 Herzen ausstechen. Für ungefüllte Herzen je 1 Lollistiel in jedes Teigherz stecken. Möglichst tief hineinschieben, damit das Herz später nicht abfällt! Dann auf das Backblech legen. Für die gefüllten Herzen je ein Teigherz auf das Blech legen, in die Mitte einen Klacks Konfitüre geben, einen Lollistiel darauflegen, ein zweites Herz darauflegen und die Ränder andrücken.

3 Das Backblech auf die mittlere Schiene in den Backofen schieben und Herzen 12 Minuten backen. Herausnehmen und abkühlen lassen. In der Zwischenzeit die Schokolade temperieren (Seite 218). Dann die Herzen in die Schokolade tauchen, vorsichtig schütteln und zum Trocknen auf Backpapier legen. Mit Zuckerdekor, Blütenblättern oder Schokostreuseln verzieren. Schokolade bei Zimmertemperatur aushärten lassen.

Verpackungstipp
Die Herzlollis lassen sich sehr gut in Zellophantüten verpacken. Dazu den oberen Rand der Tüten abschneiden, über den Lolli stülpen und mit einer Schleife zubinden.

Mit feinem Champagnergelee kann man den Liebsten verzücken. Ich finde den Geschmack von Rosenlikör etwas feiner, das Rosenblütenwasser schmeckt sehr intensiv.

Champagnergelee mit Rosen

für 8 Gläser à 250 ml / Ziehzeit beachten / ziemlich einfach / etwa 1 Jahr haltbar

750 ml Champagner oder Prosecco
100 ml Zitronensaft
1 kg Gelierzucker 1 : 1
4 EL Rosenlikör oder 2 EL Rosenwasser
4 EL getrocknete Rosenblätter

1 Champagner mit Zitronensaft und Gelierzucker in einem großen Topf verrühren und unter gelegentlichem Rühren aufkochen. Sobald die Flüssigkeit sprudelnd kocht, 4 Minuten kochen lassen. Dabei den Schaum von der Oberfläche abschöpfen. Anschließend den Rosenlikör oder das Rosenwasser unterrühren und vom Herd nehmen.

2 Das Gelee in sterile Twist-off-Gläser füllen und einige Minuten stehen lassen, bis es zu gelieren beginnt. Dann die Rosenblätter im Gelee verteilen. Wenn nicht alle Blätter an der Oberfläche schwimmen sollen, müssen sie immer wieder heruntergedrückt werden. Das geht am besten mit einem Teelöffel. Sobald die Blätter bleiben, wo sie sein sollen, die Gläser fest verschließen.

Liegen Freunde, Kollegen oder liebe Familienmitglieder verschnupft oder mit einer Grippe im Bett, freuen sie sich bestimmt über Honig, Bonbons und aromatischen Kräutertee.

Salbeihonig

für 2 Gläser à 250 ml / muss ziehen / einfach / etwa 1 Jahr haltbar

500 g Honig

Saft und abgeriebene Schale von 1 Bio-Zitrone

16 Blätter frischer Salbei

6 Gewürznelken

1 Zimtstange

Den Honig in einer Schüssel mit Zitronensaft und -schale verrühren. Salbeiblätter, Gewürznelken und die in Stücke gebrochene Zimtstange in den Honig geben und unterrühren. In sterilisierte Gläser füllen. Die Gewürze bleiben im Honig. Mindestens 4 Wochen durchziehen lassen.

Kräuterbonbons

für etwa 600 g / braucht etwas Zeit / verlangt Fingerspitzengefühl / etwa 1 Jahr haltbar

1–2 kg Haushaltszucker (kann wiederverwendet werden) oder kleine Silikonbonbonformen

16 g Kräutertee (etwa 6 Beutel) nach Belieben

2 EL Honig

500 g Zucker

1 EL Butter

1 TL Apfelessig

1 Zucker 1–2 cm dick auf einem Backblech verteilen und Vertiefungen für die Bonbons hineindrücken. Tee mit 1 l Wasser in einem breiten Topf erhitzen und Flüssigkeit auf etwa 250 ml einkochen, das dauert etwa 30 Minuten. Durch ein Sieb gießen (oder die Beutel entfernen) und den Honig unterrühren.

2 Teesud wieder auf den Herd stellen, Zucker und Butter zugeben und so lange kochen, bis die Masse fest und glasig wird. (Um das zu testen, taucht man eine Gabel zuerst in die Masse und anschließend in kaltes Wasser.) Das dauert etwa 30 Minuten. Dann den Essig unterrühren und alles vom Herd nehmen.

3 Die Masse in die Vertiefungen gießen und dabei versuchen, möglichst kleine Bonbons zu machen, weil sie einfach besser schmecken. Bonbons erkalten lassen und in Blechdosen aufbewahren.

Erkältungstee

für 100 g / schnell / einfach / etwa 1 Jahr haltbar

20 g Holunderblüten
20 g Lindenblüten
20 g Thymian
20 g Huflattich
20 g Salbei

Zutaten in der Apotheke kaufen und selbst mischen oder dort gleich mischen lassen. Hübsch verpacken. Einen Zettel dazuschreiben: Pro Tasse 1 TL Teeblätter aufbrühen.

Tipp Wer öfter Tee verschenkt oder selbst welchen trinkt, sollte gleich größere Mengen kaufen – das senkt den Preis.

Für kleine und große Kinder

Süßigkeiten und Backwerk aus eigener Produktion sind der Renner auf jedem Kindergeburtstag oder Schulfest. Bei vielen einfachen Rezepten können die Kinder auch selbst mithelfen und mitgestalten.

Überraschungseier

für etwa 6 Stück / braucht Zeit / verlangt Fingerspitzengefühl / etwa 4 Monate haltbar

300 g Schokolade

Foto vorige Seite

1 Schokolade nach Anleitung temperieren (Seite 218). 6 runde oder ovale Silikonformen oder spezielle Schokoladengießformen zu etwa einem Drittel mit der Schokolade füllen und hin und her schwenken, damit sich die Schokolade innen verteilt und haftet. Vollständig fest werden lassen und anschließend die Schokoladenhalbkugeln aus der Form lösen.

2 Die Eierhälften nach Belieben mit Süßigkeiten oder kleinem Spielzeug füllen und mit dem Rand auf eine heiße Platte o. Ä. halten (ich nehme ein warmes Backblech mit Backpapier), damit die Schokolade etwas schmilzt. Je 1 leere und 1 volle Eihälfte vorsichtig aufeinanderdrücken.

Tipp Es gibt Überraschungseier zu kaufen, die in zwei Eierhälften aus Plastik verpackt sind. Diese eignen sich gut als Form. Alle möglichen Geschenke lassen sich so in Schokolade verpackt versüßen. Vielleicht nicht gerade ein Klavier, aber ein schönes Schmuckstück oder ein Ring, vielleicht sogar ein Heiratsantrag? Auch ein Brief oder ein kleiner Zettel mit Glückwünschen kann in den Kugeln versteckt werden.

Liebesäpfel

für 6 Stück / braucht ein bisschen Zeit / relativ einfach / etwa 4 Tage haltbar

6 säuerliche Äpfel
(z. B. Braeburn, Boskop)
550 g Zucker
1 TL rote Lebensmittel-
farbe
1 TL frisch gepresster
Zitronensaft

1 Äpfel waschen, gut abtrocknen, Stiele herausdrehen und in das Loch je ein dickes Holzstäbchen stecken (z. B. Essstäbchen oder Holzstäbchen zum Stützen für Blumen). Ein Brett oder Tablett mit 50 g Zucker bestreuen, um die Liebesäpfel später darauf trocknen zu lassen.

2 Restlichen Zucker mit 5 EL Wasser, Lebensmittelfarbe und Zitronensaft in einen Topf geben. Unter Rühren aufkochen lassen und weiterrühren, bis sich der Zucker vollständig gelöst hat und die Masse anfängt zu karamellisieren. Das dauert 10–15 Minuten.

3 Zuckerlösung vom Herd nehmen, sobald sie klar wird. Die Liebesäpfel darin eintauchen und drehen, bis sie vollständig mit dem Sirup überzogen sind. Auf das Brett mit dem Zucker stellen und abkühlen lassen.

Tipp Die Wartezeit für das Klären des Zuckers lohnt sich, denn sonst wird der Überzug trübe und nicht glatt.

Schokoladenlollis

für etwa 10 Stück / schnell / einfach / etwa 4 Monate haltbar

200 g Schokolade

Schokolade hacken, in eine Metallschüssel geben und über dem Wasserbad schmelzen. Um die Schokolade schön glänzend zu bekommen, sollte sie temperiert werden (Seite 218). Temperierte Schokolade in einen Eiswürfelbehälter füllen. Warten, bis die Schokolade beginnt, fest zu werden, und in jeden Würfel ein Holzstäbchen hineinstecken. Schokolade vollständig aushärten lassen. Lollis in Geschenkfolie verpacken und je ein Schleifchen um jeden Stiel binden.

Bonbonmuscheln

für 8–10 Stück / schnell / einfach / etwa 6 Monate haltbar

200 g Bonbons nach Belieben
8–10 große halbe Muschelschalen (z. B. Austern, Fischabteilung)

Bonbons im Gefrierbeutel mit Rollholz oder mit der Küchenmaschine zerkleinern und in einen Topf geben. Bei mittlerer Hitze unter Rühren schmelzen. Inzwischen die Muschelschalen gründlich säubern, sie dürfen nicht mehr nach Fisch riechen. Sobald die Masse flüssig ist, sofort in die Muscheln gießen. Abkühlen lassen. Lässt sich gut lecken und klebt nicht so in der Hand.

Popkornkette

für 1–2 Stück / schnell / ziemlich einfach / etwa 4 Wochen haltbar

50 g Popcorn-Mais
1 TL flüssige Butter
Salz oder Puderzucker nach Belieben

Mais in eine beschichtete Pfanne geben und mit einem Deckel schließen, damit sich das Popcorn nicht in der ganzen Küche verteilt. Bei mittlerer Hitze erwärmen, bis die Körner aufspringen. Mit der Butter mischen, je nach Belieben salzen oder zuckern. Das Popcorn mit einer Nadel auf elastische dünne Schnüre fädeln und Ketten basteln.

Gebrannte Mandeln

für etwa 350 g / schnell / nicht ganz einfach / etwa 1 Monat haltbar

200 g Zucker
¼ TL gemahlene Vanille
1 Prise gemahlener Zimt
200 g Mandeln

Foto vorige Seite

1 Zucker, Vanille, Zimt und 100 ml Wasser in einer beschichteten Pfanne verrühren und aufkochen.

2 Mandeln unterrühren und unter gelegentlichem Rühren (mit einem Holz- oder Silikonlöffel) etwa 10 Minuten kochen lassen, bis das Wasser verdampft ist und die Mandeln vom Zucker umhüllt sind. Sofort herausnehmen und die Mandeln auf einem Bogen Backpapier ausbreiten, zügig voneinander trennen und abkühlen lassen – oder gleich essen.

Tipp Das Arbeiten mit Karamell erfordert etwas Übung. Sind die Mandeln vom Zucker umhüllt, sollten sie sofort aus der Pfanne genommen werden. Wird zu lange gewartet, verflüssigt sich das Karamell wieder. Das macht geschmacklich keinen großen Unterschied, aber optisch hat es nichts mehr mit der klassischen gebrannten Mandel zu tun. Dieses Rezept funktioniert mit allen Arten von Kernen, z. B. Pinien-, Kürbis- oder Erdnusskernen. Gehackt ergeben die vom Zucker umhüllten Ölfrüchte leckeren Krokant, um Desserts, Kuchen oder auch Salate damit zu bestreuen.

Kinderfeste

Erdnussriegel

für etwa 20 Stück / ohne Backen / einfach / etwa 3 Wochen haltbar

150 g Erdnussbutter
280 g heller Sirup
90 g Zucker
¼ TL gemahlene Vanille
150 g Kokosraspel
150 g Rice Crispies
240 g Schokolade,
70 % Kakaoanteil

1 Erdnussbutter, Sirup, Zucker und Vanille in einem Topf erwärmen und rühren, bis sich der Zucker aufgelöst hat. Kokosraspel in einer beschichteten Pfanne ohne Fett rösten.

2 Eine rechteckige Form à 30 x 20 cm mit Frischhaltefolie auslegen. Rice Crispies und Kokosraspel unter die Erdnussmasse rühren, in die Form geben und festdrücken. Abkühlen lassen.

3 Die Masse in Riegel à 10 x 3 cm schneiden. Schokolade grob hacken und temperieren (Seite 218). Die Unterseite der Riegel in die flüssige Schokolade tauchen. Auf Backpapier legen und fest werden lassen.

Verpackungstipp
Die Riegel in Alufolie wickeln und anschließend wie einen Schokoriegel in Papier verpacken und beschriften. Das macht sie für Kinder besonders attraktiv.

Mini-Eiswaffeln mit Schokofüllung

für 30–35 Stück / braucht Zeit / verlangt Fingerspitzengefühl / etwa 2 Wochen haltbar

Teig:

100 g weiche Butter

100 g Zucker

1 Prise gemahlene Vanille

2 Eier, Größe L

200 g Mehl

1 gestrichener TL Backpulver

1 Prise Salz

150–200 ml Milch

Füllung:

120 g Sahne

60 g Zucker

150 g weiche Butter

1 EL Honig

100 g Schokolade, 50–60 % Kakaoanteil

100 g Schokolade, 70–75 % Kakaoanteil

Smarties, Nüsse, Zuckerstreusel nach Belieben

1 Für den Teig Butter, Zucker und Vanille mit den Rührbesen des Handrührgeräts schaumig schlagen. Eier nacheinander zugeben und gut einarbeiten. Mehl, Backpulver und Salz in einer zweiten Schüssel mischen und abwechselnd mit der Milch in den Teig rühren. Je 1 TL Teig in ein Waffeleisen (für Eiswaffeln) geben und kleine Waffeln backen, anschließend sofort mithilfe eines Kegels zu einer Eiswaffeltüte rollen.

2 Für die Füllung Sahne in einem kleinen Topf erwärmen und von der Herdplatte nehmen. In einem größeren Topf Zucker bei mittlerer Hitze karamellisieren lassen. Sobald der Zucker flüssig ist, ein 1 EL von der Butter und den Honig darin schmelzen. Den Topf vom Herd nehmen, die warme Sahne zum Zuckerkaramell gießen und umrühren. Falls sich Stückchen gebildet haben, noch einmal kurz auf die Herdplatte stellen und so lange rühren, bis sie sich aufgelöst haben.

3 Schokolade grob hacken, in eine Schüssel geben und mit dem flüssigen Karamell begießen. 3 Minuten ruhen lassen und anschließend mit einem Schneebesen verrühren, bis die Schokolade sich aufgelöst hat. Zum Schluss die restliche Butter zugeben und gut unterrühren. Creme auf Zimmertemperatur abkühlen lassen und in einen Spritzbeutel füllen. Die Waffelhörnchen mit Smarties oder Nüssen füllen, die Creme daraufspritzen und mit Zuckerstreuseln dekorieren.

Tipps Da der Teig auch für Haushaltswaffeln (im normalen Waffeleisen) geeignet ist, gleich die doppelte Menge Teig zubereiten und daraus Waffeln zum Kaffee backen. Im Kühlschrank hält sich der Teig 2–3 Tage. Sie können für die Füllung auch Vollmilchschokolade nehmen, die mögen Kinder meist lieber. Erwachsenen schmeckt es, wenn die Füllung mit etwas Grand Marnier, Espressolikör oder Kirschwasser aromatisiert wird.

Dieses Grundrezept für Mürbeteigkekse lässt sich mit ein bisschen Fantasie z. B. in Doppelkekse mit einer Füllung aus Konfitüre oder Nutella, Schokokekse mit dickem Schokoguss, bunte Kekse mit Zuckerguss und farbigen Streuseln verwandeln. Mithilfe von Ausstecherformen können Kekse für jeden Anlass passend gemacht werden.

Buchstabenkekse

etwa 50 Stück / relativ schnell / ziemlich einfach / etwa 1 Monat haltbar

100 g kalte Butter, in Stücken

50 g Puderzucker

¼ TL gemahlene Vanille

1 Prise Salz

1 Eigelb

200 g Mehl

1 Für den Teig Butter, Puderzucker, Vanille und Salz in einer Schüssel mit den Rührstäben des Handrührgeräts verrühren. Die Butter sollte nicht schaumig werden, nur geschmeidig. Eigelb zugeben und weiterrühren.

2 Mehl sieben und auf einmal zur Eimasse geben. Nur so lange rühren, bis ein glatter Teig entstanden ist. Ist er zu brüchig, etwas Milch oder Wasser dazugeben. Teig zu einer Kugel formen, in Frischhaltefolie wickeln und 2 Stunden in den Kühlschrank legen.

3 Den Backofen auf 200 °C Ober-/Unterhitze vorheizen. Ein Backblech mit Backpapier belegen. Den Teig etwa 2 mm dick ausrollen, mit Buchstaben-Ausstechern Kekse ausstechen und auf das Blech legen. Das Backblech auf die mittlere Schiene in den Backofen schieben und die Kekse 10 Minuten backen. Herausnehmen und abkühlen lassen.

Verpackungstipp Eine kleine Schultüte aus Pappe basteln und mit schönem Geschenkpapier bekleben. Solche Tüten sind nicht nur zur Einschulung eine schöne Verpackung. Auch andere Kekse machen sich darin sehr gut.

Für Genießer

Lebensmittel in Öl einzulegen hat eine lange Tradition. Der Abschluss von Sauerstoff macht sie haltbarer. Durch das Zufügen von Kräutern oder Gewürzen kann man aber auch dem Öl ein wunderbares Aroma verleihen. Dafür verwendet man am besten hochwertige native Pflanzenöle. Sie sollten mild sein, damit der Geschmack der Zutaten besser zur Geltung kommt.

Aromatisiertes Öl

für 1 Flasche à 300 ml / Ziehzeit beachten / ziemlich einfach / etwa 3 Monate haltbar

250 ml kalt gepresstes natives Olivenöl extra

5 Stängel Thymian (oder andere Kräuter)

Etwa ein Viertel des Öls mit dem Thymian in einem Topf auf etwa 40 °C erwärmen, damit sich die Aromen im Öl lösen. Vom Herd nehmen und das restliche Öl dazugeben, so bleiben die wertvollen Inhaltsstoffe erhalten. Vor Gebrauch sollte das Öl 1–2 Wochen durchziehen, dann werden die Kräuter abgesiebt. In eine sterile Flasche abfüllen und verschließen. Das aromatisierte Öl sollte kühl und dunkel gelagert werden.

Tipp Es ist natürlich auch möglich, kaltes Öl mit Kräutern oder Gewürzen zu aromatisieren. Und in Öl eingelegte Kräuter beispielsweise bleiben drei Monate frisch, das Öl nimmt natürlich ihren Geschmack an. Die aromatisierten Öle werden in der Küche nicht zum Kochen verwendet, sondern eignen sich für Salate oder auch als Würze für warme Speisen. Die Einlagen müssen immer vollständig vom Öl bedeckt sein.

3 getrocknete Tomaten

50 ml Sonnenblumenöl

15 g getrocknete Steinpilze

1 Lorbeerblatt

½ TL schwarze Pfefferkörner

2 Zweige Thymian

200 ml Olivenöl

Steinpilzöl

Getrocknete Tomaten mit einem scharfen Messer vierteln. Sonnenblumenöl in einem Topf leicht erwärmen, vom Herd nehmen. Tomatenviertel, getrocknete Pilze, Lorbeerblatt und Pfefferkörner dazugeben und alles 10 Minuten ziehen lassen. Wenn die Mischung etwas abgekühlt ist, Olivenöl dazugeben und gut unterrühren. Thymianzweige in eine sterile Flasche füllen. Pilze, Tomatenviertel und Gewürze dazugeben und alles mit der Ölmischung übergießen.

Bärlauch-Knoblauch-Öl

1 Knoblauchzehe

2 große Handvoll Bärlauchblätter

150 ml Sonnenblumenöl

1 Vanilleschote

2 Scheiben Ingwerwurzel

100 ml Sojaöl

Knoblauch in Scheiben schneiden. Bärlauch in Streifen schneiden und in kochendem Salzwasser blanchieren, in Eiswasser abschrecken und ausdrücken. In eine sterile Flasche geben. 50 ml Sonnenblumenöl in einem Topf erwärmen, vom Herd nehmen und Knoblauch, Vanilleschote und Ingwer 10 Minuten darin ziehen lassen. Restliches Sonnenblumenöl und Sojaöl zugeben und alles über den Bärlauch gießen.

Öl à la India

1 EL Koriandersamen

1 EL Kreuzkümmelsamen

1 TL Bockshornkleesamen

3 grüne Kardamomkapseln

2 getrocknete rote Chilischoten

50 ml Sonnenblumenöl

200 ml Erdnussöl

Alle Gewürze in einer beschichteten Pfanne ohne Fett anrösten, anschließend in einem Mörser grob zerstoßen. Sonnenblumenöl in einem Topf leicht erwärmen und die Gewürze zugeben. Vom Herd nehmen, 10 Minuten ziehen lassen. Das Erdnussöl dazugeben und alles in die sterile Flasche füllen.

Öl nach Thai-Art

2 Stängel Zitronengras

1 Knoblauchzehe

1 rote Chilischote

100 ml Sonnenblumenöl

2 Scheiben Ingwerwurzel

2 Stängel Koriandergrün

150 ml Sesamöl

Zitronengras längs halbieren. Knoblauchzehe in Scheiben schneiden. Chili entkernen, in Streifen schneiden. 50 ml Sonnenblumenöl leicht erwärmen, Zitronengras, Knoblauch und Chili dazugeben. Vom Herd nehmen, 10 Minuten ziehen lassen. Restliches Öl dazugeben. Koriandergrün in die sterile Flasche geben, das Öl mit den Gewürzen über den Koriander gießen.

Himbeerlikör

für 2 Flaschen à 1 l / Ziehzeit beachten / ziemlich einfach / etwa 1 Jahr haltbar

400 g Zucker
1 Vanilleschote
500 g Himbeeren
(frisch oder TK)
750 ml Wodka

Zucker mit 400 ml Wasser und der längs aufgeschnittenen Vanilleschote in einem Topf langsam aufkochen, gelegentlich rühren, damit
sich der Zucker auflöst. 5 Minuten köcheln lassen und den Topf vom
Herd nehmen. Abkühlen lassen und die Himbeeren zugeben.
Wodka dazugießen und alles in ein großes Glas geben. Verschließen
und zwei Wochen durchziehen lassen, dann nach Belieben durch ein
Sieb in sterile Flaschen füllen.

Tipp Die Himbeeren können auch im Likör bleiben. Das sieht
schön aus, außerdem schmecken sie auch gut.

Flüssiges

Orangenlikör

für 2 Flaschen à 700 ml / Ziehzeit beachten / ziemlich einfach / etwa 1 Jahr haltbar

5 Bio-Orangen
200 g Zucker
700 ml weißer Rum

1 Orangen heiß abwaschen. Schale in Zesten abschälen. Zesten von 1 Orange beiseitestellen. Die restlichen Zesten mit 200 ml Wasser und Zucker in einen Topf geben und aufkochen, dabei gelegentlich umrühren, damit sich der Zucker auflöst. 5 Minuten köcheln lassen, den Topf vom Herd nehmen und die Flüssigkeit abkühlen lassen.

2 Den Saft aus den Orangen auspressen (etwa 400 ml) und zu dem abgekühlten Sirup geben. Alles durch ein feines Sieb in einen großen Topf gießen und mit dem Rum mischen. Beiseitegestellte Zesten hinzufügen. Den Likör in gut verschließbare, sterile Flaschen füllen. Vor dem Verschenken kühl und dunkel gelagert vier Wochen ziehen lassen, gelegentlich schütteln.

Zitronenlikör

für 2 Flaschen à 700 ml / Ziehzeit beachten / ziemlich einfach / etwa 1 Jahr haltbar

7 Bio-Zitronen
200 g Zucker
700 ml Korn

1 Zitronen heiß waschen und die Schalen in Zesten abschälen. Die Schalen von 1–2 Zitronen beiseitestellen. Restliche Schalen mit 300 ml Wasser und Zucker in einen Topf geben, aufkochen und 5 Minuten köcheln lassen. Dann vom Herd nehmen und die Flüssigkeit abkühlen lassen.

2 Den Saft aus den Zitronen auspressen (etwa 300 ml) und zum abgekühlten Sirup dazugeben. Alles durch ein Sieb in einen großen Topf gießen. Beiseitegestellte Zesten und den Korn zufügen. Den Likör in gut verschließbare, sterile Flaschen füllen. Vor dem Verschenken kühl und dunkel gelagert vier Wochen ziehen lassen, gelegentlich schütteln.

Granatapfelessig

für 1 Flasche à 700 ml / *Ziehzeit beachten* / *ziemlich einfach* / *etwa 2 Jahre haltbar*

250 g Granatapfelkerne
(von 1–2 Granatäpfeln)
60 g Zucker
400 ml Weißweinessig

1 Die Granatäpfel oben keilförmig einschneiden und aufbrechen. Die Kerne mit der Hand herausnehmen. 250 g Kerne abwiegen, in einen Topf geben. Zucker und Essig hinzugeben und alles langsam erhitzen, bis sich der Zucker aufgelöst hat. Nicht kochen!

2 Die Flüssigkeit in einen Krug oder ein Glas füllen und mindestens eine Woche durchziehen lassen. Den Essig anschließend durch ein Sieb und in sterile Flaschen umfüllen. Je länger die Früchte im Essig bleiben, desto intensiver wird der Fruchtgeschmack.

Variante *Johannisbeer-, Himbeer-, Brombeeressig:* Die Granatapfelkerne können durch andere Früchte ersetzt werden. Am besten schmecken Beeren.

Flüssiges

Die richtigen Saucen geben Gegrilltem, Vorspeisen und einer kalten Mahlzeit die richtige Würze. Besonders Chilischarfes wird von vielen geschätzt.

Chilisauce

für 1 Glas à 250 ml / schnell / ziemlich einfach / etwa 1 Jahr haltbar

100 g rote Chilischoten

300 ml Reisessig (ersatzweise Weißweinessig)

250 g Zucker

2 TL Salz

Chilischoten waschen und klein schneiden, Kerne nicht entfernen. In einem Topf Essig und Zucker bei mittlerer Hitze zum Kochen bringen. Gelegentlich umrühren, damit sich der Zucker auflöst. Hitze erhöhen und den Sirup 5 Minuten sprudelnd kochen lassen, bis die Mischung eindickt. Chilistücke und Salz zugeben und weitere 3 Minuten kochen. Sauce heiß in sterile Twist-off-Gläser füllen und fest verschließen.

Tipp Die Schärfe kann durch Menge und Sorte der verwendeten Chilischoten selbst bestimmt werden.

Erdnuss-Chili-Knoblauch-Sauce

für 5 Gläser à 160 ml / schnell / einfach / etwa 1 Jahr haltbar

8 Knoblauchzehen, gehackt

3 große rote Chilischoten

250 g Erdnussbutter

250 g brauner Rohrzucker

300 ml Rotweinessig

1 TL Salz

Knoblauchzehen schälen und fein hacken. Chilischoten waschen, Kerne und Trennhäute entfernen, ebenfalls fein hacken. Beides zusammen mit Erdnussbutter, Zucker, Rotweinessig und Salz in einen Topf geben, aufkochen und 5 Minuten bei geringer Hitze köcheln. Achtung, es spritzt! So heiß wie möglich in sterile Twist-off-Gläser füllen.

Salzzitronen findet man fast überall in der nordafrikanischen Küche. Sie werden zum Würzen verwendet, aber auch als Beilage beispielsweise zu Lamm-, Hähnchen- oder Fischgerichten gereicht. Das Salz macht die Schale weich und gibt den Zitronen einen kräftigen Geschmack. Sie verlieren dadurch auch ihre hervorstechende Säure. Den Saft kann man auch sehr gut für Salatsaucen verwenden. Sie sind ein perfektes Geschenk für Freunde exotischer Gerichte.

Salzzitronen

für 1 Glas à 1,5 l / Ziehzeit beachten / ziemlich einfach / etwa 1 Jahr haltbar

8 kleine dünnschalige
Bio-Zitronen (ca. 800 g)
8 TL Salz
300 ml Zitronensaft
Olivenöl

1 Die Zitronen heiß waschen und gut abbürsten. Von der Spitze her längs in Viertel schneiden, dabei das untere Ende nicht ganz durchtrennen.

2 In jede Zitrone jeweils 1 TL Salz geben, die Zitronen anschließend zusammendrücken und in ein Glas füllen. Sie sollen möglichst dicht gedrängt aneinanderliegen. Nun das Glas auf die Fensterbank oder an einen anderen warmen hellen Platz stellen und 4 Tage stehen lassen. Das Salz zieht nun die Flüssigkeit aus den Zitronen.

3 Nach den 4 Tagen die Zitronen mit Zitronensaft übergießen. Sie müssen vollständig bedeckt sein. Die Oberfläche mit Olivenöl bedecken, damit sich kein Schimmel bildet, und das Glas fest verschließen. Die Lake bleibt etwa 3–4 Wochen trüb, wird aber dann klar, so lange sollten die Zitronen auch durchziehen.

Tipp Manchmal bildet sich auf den Zitronen nach längerer Zeit ein weißlicher trüber Film, der aber einfach abgewaschen werden kann.

Saucen & Eingelegtes

Chiliaprikosen

für 4 Gläser à 500 ml / *Ziehzeit beachten* / *ziemlich einfach* / *etwa 1 Jahr haltbar*

1 kg Soft-Aprikosen
8 getrocknete Chili-
schoten
1 Zimtstange
1 TL rosa Pfefferbeeren
250 g Rotweinessig
250 g Fruchtessig
(z. B. Himbeer- oder
Apfelessig)
500 g Einmachzucker

Aprikosen halbieren. Die restlichen Zutaten in einen Topf geben, unter gelegentlichem Rühren bei geringer Hitze aufkochen, damit sich der Zucker auflöst. 5 Minuten kochen lassen, die Aprikosen zugeben, noch einmal aufkochen und 1 Minute kochen lassen. Heiß in sterile Twist-off-Gläser füllen. Darauf achten, dass die Gewürze gleichmäßig auf die Gläser verteilt werden. 1 Woche an einem kühlen dunklen Ort durchziehen lassen.

Tipp Da die Aromen der Gewürze bei längerer Lagerung mehr und mehr in die Aprikosen übergehen, sollten sie nur dann lange lagern, wenn ein intensiver Chiligeschmack erwünscht ist, ansonsten schnell aufessen. Einmachzucker ist ein Zucker mit großen Zucker-kristallen. Dadurch löst er sich langsamer auf und verhindert, dass sich Schaum bildet oder der Zucker am Topfboden ansetzt.

Variante Das Rezept funktioniert mit frischen oder tief-gekühlten Aprikosen. Sie können auch die Obstsorte nach Belieben variieren. Ich nehme gerne Kirschen und tausche Chili gegen 1–2 EL Pfefferkörner aus, das ergibt köstliche *Pfefferkirschen*.

Saucen & Eingelegtes

Wenn Sie diesen leckeren Ketchup in Gläsern verschenken, können Sie zum Beschriften auch Window-Colour-Stifte verwenden. So werden die Gläser durch den persönlichen Text, zum Beispiel »Valentins Privatketchup«, zu etwas Besonderem.

Himbeer-Tomaten-Ketchup

für etwa 5 Gläser à 160 ml / braucht Zeit / ziemlich einfach / etwa 2–3 Monate haltbar

400 g Zwiebeln

1 rote Chilischote

100 g Ingwerwurzel

4 Dosen geschälte Tomaten (à 400 g)

500 g Himbeeren (frisch oder TK)

250 g Zucker

20 Pimentkörner

1 TL schwarze Pfefferkörner

3 Gewürznelken

2 Sternanis

1 Zimtstange

1 Lorbeerblatt

50 ml Himbeeressig

1 Zwiebeln schälen und grob würfeln. Chilischote entkernen und in Ringe schneiden. Ingwer schälen und in Scheiben schneiden. Alle Zutaten bis auf den Essig in einen großen Topf geben, aufkochen und 15 Minuten bei mittlerer Hitze weiterkochen lassen. Das Ganze durch ein Sieb in eine Schüssel streichen.

2 Die passierte Flüssigkeit wieder in den Topf geben, den Himbeeressig dazugießen und erneut aufkochen. Bei mittlerer Hitze etwa 45 Minuten offen einkochen lassen, bis die Masse auf Ketchupkonsistenz andickt. So heiß wie möglich in sterile Twist-off-Gläser füllen und verschließen.

Diese leichte Terrine begeistert Vegetarier und ist eine Bereicherung für jeden Vorspeisenteller an lauen Sommerabenden.

Gemüseterrine

für 3 Gläser à etwa 250 ml / relativ schnell / ziemlich einfach / etwa 4 Wochen haltbar

500 g Gemüse (z. B. Möhren, Brokkoli, Spargel, Kürbis)
200 g Sahne
2 Eier, Größe L
frisch gemahlener schwarzer Pfeffer und Salz nach Belieben

1 Gemüse waschen, schälen und in gleich große, mundgerechte Stücke schneiden. In kochendem Wasser garen, abgießen und gut abtropfen lassen. Etwas abkühlen lassen, damit die Eier beim Pürieren nicht gerinnen.

2 Gekochtes Gemüse in einer Schüssel mit Sahne und Eiern pürieren und mit Salz und Pfeffer abschmecken. Das Püree in vorbereitete Gläser füllen – nicht ganz bis zum Rand, da die Masse beim Einkochen noch etwas hochsteigt.

3 Wasser in einem Topf erhitzen, der groß genug ist, dass die drei Gläser komplett hineinpassen. Die Gläser mit Wasser bedeckt etwa 1 Stunde kochen, bis die Terrine gestockt ist. Gelegentlich Wasser in den Topf nachgießen, weil viel verdampft. Die Gläser herausnehmen und abkühlen lassen. Im Kühlschrank aufbewahren.

Tipp Besonders hübsch sieht es aus, wenn verschiedenfarbige Pürees hergestellt und in Lagen in die Gläser gefüllt werden. Sollte das Püree dafür zu flüssig sein, den Sahneanteil verringern.

Kalt gerührter Senf ist eine echte Rarität, denn seine Herstellung ist für die Lebensmittelindustrie zu aufwendig. Zu lange brauchen die Aromen, um den vollen Senfgeschmack zu entfalten. Umso mehr wird der wahre Kenner Ihr Geschenk schätzen.

Hausmachersenf

für 1 Glas à 250 ml / Ziehzeit beachten / ziemlich einfach / etwa 6 Monate haltbar

70 g gemahlene Senf-körner

¼ TL Salz

¼ TL frisch gemahlener schwarzer Pfeffer

40 ml Weißwein

40 ml Weißweinessig

1 TL Kurkuma

2 EL Honig

30 g brauner Rohr-zucker

Gemahlene Senfkörner, Salz und Pfeffer in einer Schüssel verrühren. Weißwein, Essig und 40 ml Wasser mischen und nach und nach unter Rühren zugeben. Kurkuma, Honig und Zucker dazugeben und 10 Minuten weiterrühren, bis der Zucker sich aufgelöst hat. Die Mischung in ein Glas füllen und mindestens 3 Tage im Kühlschrank durchziehen lassen.

Tipp Der Senf sollte anfangs recht flüssig sein, er bekommt nach ein paar Tagen eine festere Konsistenz, auch verliert er mit der Zeit seine beißende Schärfe. Sie können das Rezept beliebig abwandeln, indem Sie zu Senfmehl, Salz und Pfeffer noch weitere Gewürze oder Kräuter geben. Auch Weißwein und Weißweinessig können durch Rotwein und Rotweinessig ersetzt werden.

Grober Senf

für 1 Glas à 160 ml / braucht Vorbereitung / ziemlich einfach / etwa 6 Monate haltbar

20 g gelbe Senfsamen

20 g schwarze Senf-samen

75 ml Apfelessig

20 g gelbes Senfmehl

30 g brauner Rohr-zucker

½ TL Salz

Gelbe und schwarze Senfsamen mit Essig und 25 ml Wasser in eine Schüssel geben. 12 Stunden einweichen. Danach im Mörser grob zerstoßen. Mit Senfmehl, Rohrzucker und Salz in eine Schüssel geben und alles 10 Minuten mit den Rührbesen des Handrührgeräts durchrühren. Vor der Verwendung 3 Wochen durchziehen lassen.

Ich habe dieses Senfrezept mit den verschiedensten Früchten ausprobiert. Am besten hat mir eine Variante mit Rhabarber geschmeckt, aber auch mit Äpfeln oder Feigen ist der Senf köstlich. Den Saft passe ich dann den Früchten an – Apfelsaft geht eigentlich immer. Außerdem können Sie das Rezept mit Dosen- und Tiefkühlfrüchten zubereiten. Bei getrockneten Früchten nur die Hälfte der Früchte nehmen, weil sie viel Flüssigkeit aufsaugen. Die Kochzeit kann bei den unterschiedlichen Fruchtsorten, je nach Wasser- oder Pektingehalt, etwas variieren.

Birnensenf

für 5 Gläser à 160 ml / braucht Vorbereitung / ziemlich einfach / etwa 6 Monate haltbar

1 kg Birnen
250 ml ungesüßter Birnensaft
150 ml Weißweinessig
150 g Zucker
30 g gelbes Senfmehl

1 Birnen schälen, entkernen und klein würfeln. Birnensaft mit Essig und Zucker in einem Topf langsam aufkochen. Dabei umrühren, damit sich der Zucker löst. 200 g Birnenwürfel 2 Minuten in den heißen Sud legen, mit einer Schaumkelle herausnehmen und beiseitestellen. Die restlichen Birnenwürfel in den Sirup geben und 45 Minuten bei geringer Hitze einkochen.

2 Senfmehl mit 2 EL Kochsud verrühren, mit den beiseitegestellten Birnen zum Rest geben und weitere 15 Minuten kochen. Dabei ständig umrühren, denn die Masse wird nun fester und brennt schneller an. Den Senf in sterile Twist-off-Gläser füllen. Vor der Verwendung 3 Wochen durchziehen lassen.

Tipp Wenn Sie keine Stückchen in Ihrem Senf mögen, können Sie das Pochieren auch weglassen. Dann einfach alle Birnenwürfel in den Sirup geben.

Balsamico-Knoblauch

für 3 Gläser à 250 ml / schnell / ziemlich einfach / etwa 12 Monate haltbar

500 g Knoblauchzehen
400 ml Weißweinessig
140 ml Balsamico-Essig
60 g Zucker
1 TL Salz
1 Lorbeerblatt
½ TL Korianderkörner
½ TL schwarze Pfefferkörner
4 getrocknete rote Chilischoten

Knoblauchzehen schälen und beiseitestellen. Alle übrigen Zutaten in einen Topf geben und aufkochen, gelegentlich umrühren, damit sich der Zucker auflöst. Knoblauch hinzufügen und je nach Größe der Zehen etwa 10 Minuten kochen lassen. Heiß in sterile Twist-off-Gläser füllen und verschließen. Der Knoblauch muss 1 Monat an einem kühlen dunklen Ort ziehen, bevor er gegessen werden kann.

Variante *Rotweinzwiebeln*: Dafür einfach kleine Zwiebeln oder Schalotten statt des Knoblauchs verwenden.

Saucen & Eingelegtes

Peperonata

für 5 Gläser à 500 ml / *braucht Zeit* / *ziemlich einfach* / *etwa 12 Monate haltbar*

500 g Zwiebeln

200 g Möhren

4 Knoblauchzehen

4 rote Chilischoten

1,5 kg rote Paprika-
schoten

1 kg vollreife Tomaten
(ersatzweise 1 große
Dose Pizzatomaten)

100 ml Olivenöl

6 Lorbeerblätter

Salz

4 EL Tomatenmark

1 EL edelsüßes
Paprikapulver

je 2 Zweige Thymian,
Oregano und Rosmarin

1 Zwiebeln schälen und in kleine Würfel schneiden. Möhren putzen und raspeln. Knoblauch schälen und fein hacken. Chilischoten waschen, aufschneiden, Kerne und Trennhäute entfernen und fein hacken. Paprika waschen, schälen, putzen und in gleich große Stücke schneiden. Tomaten mit kochendem Wasser überbrühen, die Haut abziehen und klein schneiden, dabei Stielansatz und Kerne entfernen.

2 Olivenöl in einem großen Topf erhitzen. Zwiebeln, Möhren, Knoblauch, Chili und Lorbeerblätter darin bei starker Hitze andünsten. Paprikastücke dazugeben, salzen und 5 Minuten mitbraten. Tomaten, Tomatenmark und Paprikapulver zugeben. Bei mittlerer Hitze 25 Minuten im geschlossenen Topf kochen lassen. Blättchen und Nadeln der Kräuter von den Zweigen zupfen und hacken. Kräuter zur Peperonata geben und alles weitere 10 Minuten köcheln lassen. Abschmecken und in vorbereitete Gläser füllen. Kann sofort verwendet werden. Schmeckt warm und kalt.

Ich liebe Pickles, aber eine Warnung muss ich für das Zubereiten aussprechen: Es riecht währenddessen im ganzen Haus nach Essig. Ich verlasse sogar zeitweise die Küche, weil der Geruch mir zu stark ist. Aber da sie wirklich lecker sind und sich vor allem so lange halten, lohnt sich die Mühe.

Kiwi-Paprika-Pickles

für 3 Gläser à 500 ml / braucht Zeit / ziemlich einfach / etwa 1 Jahr haltbar

1 kg unreife Kiwis

50 ml Zitronensaft, frisch gepresst

3 Paprikaschoten (2 rote und 1 gelbe)

1 EL Salz

1 l Apfel- oder Weißweinessig

150 g Honig

250 g heller Muscovadozucker (oder normaler Zucker)

1 EL schwarze Pfefferkörner

30 Wacholderbeeren

20 Pimentkörner

1 Kiwis schälen und in grobe Stücke schneiden. Mit Zitronensaft mischen und 15 Minuten stehen lassen. Paprika waschen, Kerne und Trennhäute entfernen und in breite Streifen schneiden. Paprikastreifen mit Salz bestreuen und ebenfalls 15 Minuten beiseitestellen.

2 Essig mit Honig, Zucker und Gewürzen aufkochen und 10 Minuten sprudelnd kochen lassen. Salz mit kaltem Wasser von den Paprikastreifen abspülen und abtropfen lassen. Paprika zum Essigsirup geben, aufkochen und 5 Minuten kochen lassen. Kiwis dazugeben und weitere 3–5 Minuten kochen. Die Fruchtstücke sollten nicht so weich werden, dass sie zerfallen.

3 Paprikastreifen und Kiwistücke mit einer Schaumkelle aus dem Sud nehmen und auf die sterilen Twist-off-Gläser verteilen. Den Sirup weitere 10 Minuten sprudelnd kochen lassen und anschließend kochend heiß über das Gemüse gießen. Gläser verschließen und mindestens 1 Woche durchziehen lassen.

Variante Sie können auch andere Gemüse- oder Obstsorten kombinieren. Probieren Sie doch einmal *Ananas-Paprika-Pickles* oder *Kiwi-Blumenkohl-Pickles*.

Saucen & Eingelegtes

Rote-Bete-Orangen-Relish

für 8 Gläser à 250 ml / braucht Zeit / ziemlich einfach / etwa 12 Monate haltbar

1 kg Rote Bete
3 große Zwiebeln
4 Knoblauchzehen
60 g Ingwerwurzel
10 Gewürznelken
1 Zimtstange
20 Pimentkörner
1 EL Koriandersamen
abgeriebene Schale und Fruchtfleisch von 4 Bio-Orangen
500 g Zucker
100 g Honig
500 ml Rotweinessig
1 EL Salz

1 Rote Bete schälen und klein würfeln oder raspeln. Zwiebeln und Knoblauch schälen und fein hacken. Ingwerwurzel schälen und reiben. Gewürznelken, Zimt, Piment und Koriander in der Gewürzmühle mahlen oder im Mörser zerstoßen.

2 Alle Zutaten in einen großen breiten Topf geben und unter Rühren aufkochen. Die Temperatur verringern und 90 Minuten unter gelegentlichem Rühren offen köcheln lassen, bis der Großteil der Flüssigkeit verdampft ist. Gegen Ende der Kochzeit aufpassen, dass die Masse nicht am Topfboden ansetzt. Heißes Relish in sterile Twist-off-Gläser füllen und verschließen. Kann sofort verwendet werden, schmeckt aber noch besser, wenn es 3–4 Wochen durchgezogen hat.

Kirschtomaten-Zwiebel-Relish

für 3 Gläser à 340 ml / braucht viel Zeit / ziemlich einfach / etwa 1 Jahr haltbar

1 kg Zwiebeln

4 große Knoblauchzehen

1 grüne Chilischote, gehackt

1 kg Kirschtomaten

1 Handvoll Basilikumblätter

1 TL Senfkörner

400 ml Apfelessig

250 g Zucker

1 Zwiebeln und Knoblauch schälen und fein würfeln. Chili entkernen, Trennwände entfernen und hacken. Kirschtomaten vom Stielansatz befreien und halbieren. Basilikum hacken. Senfkörner und Essig mit Zwiebeln, Knoblauch und Chili in einem breiten Topf aufkochen.

2 Tomaten und Zucker in den Topf geben und unter gelegentlichem Rühren köcheln lassen, bis sich der Zucker aufgelöst hat. Offen bei mittlerer Hitze etwa 30 Minuten einkochen lassen, bis die Tomaten weich sind und das Relish eindickt. Den Topf vom Herd nehmen und das Basilikum unterrühren. Heiß in sterile Twist-off-Gläser füllen.

Mangochutney

für 4 Gläser à 340 ml / braucht viel Zeit / ziemlich einfach / etwa 1 Jahr haltbar

1,5 kg Mangofruchtfleisch (von etwa 8–10 Mangos)

700 g gemischte Trockenfrüchte

2 große Zwiebeln

6 große Knoblauchzehen

60 g Ingwerwurzel

1–2 getrocknete Chilischoten

700 g brauner Rohrzucker

1 EL Salz

1 l Apfelessig

Mangos schälen, Mangofleisch vom Kern befreien und klein schneiden. Trockenfrüchte hacken. Zwiebeln, Knoblauch und Ingwer schälen und hacken. Chili im Mörser zerstoßen. Alle Zutaten in einen großen, breiten Topf geben und aufkochen. Anschließend die Hitze reduzieren und 30 Minuten unter gelegentlichem Rühren einkochen. Gegen Ende der Kochzeit öfter rühren, damit die Masse nicht am Topfboden ansetzt. Heiß in vorbereitete Gläser füllen.

Tipp Das beste Aroma haben reif geerntete Mangos, deswegen lohnt sich für dieses Rezept, teure Flugmangos zu kaufen.

ohne Foto

Saucen & Eingelegtes

Rumtopf

Gesamtmenge je nach Gefäßgröße / braucht Zeit / ziemlich einfach / etwa 1 Jahr haltbar

Ansatz:

500 g Erdbeeren

400 g Zucker

2 Vanilleschoten

2 Sternanis

2 Zimtstangen

2 Gewürznelken

1 Flasche Rum,
54 Vol.-%

Früchte der Saison:

für 500 g Früchte
(z. B. Johannisbeeren,
Blaubeeren, Aprikosen-
stücke, Kirschen,
Zwetschgen)

je 200–250 g Zucker

etwa 500 ml Rum

1 Für den Rumtopfansatz Erdbeeren waschen, entstielen und mit dem Zucker mischen. Über Nacht stehen lassen, damit die Erdbeeren Saft ziehen. Erdbeeren in ein großes Steingutgefäß (mindestens 5 l Inhalt) geben, die Gewürze dazugeben und den Rum zugießen. Die Erdbeeren sollten 2 cm hoch mit Rum bedeckt sein. Rumtopf an einem kühlen Ort lagern, zweimal wöchentlich umrühren. Die Früchte sollten jeweils mindestens 10–12 Tage im Rum liegen, bevor eine neue Fruchtsorte dazukommt.

2 Jede weitere Fruchtsorte der Saison putzen und eventuell zerkleinern, mit Zucker vermischen und über Nacht ziehen lassen. Am nächsten Tag zum Rumtopf geben und wieder mit so viel Rum begießen, dass sie 2 cm hoch bedeckt sind. Traditionell bilden Zwetschgen die oberste Schicht im Rumtopf. Geschälte Apfel- und Birnenwürfel können durchaus auch hinein. Am ersten Advent darf dann das erste Mal genascht werden.

Tipp Wohl dem, der an kalten Winterabenden auf einen leckeren Rumtopf mit schmackhaften Sommerfrüchten zurückgreifen kann. Wer rechtzeitig an seine Lieben und die Freunde denkt, kann zur Festzeit mit wunderbar wärmenden und schmackhaften Geschenken glänzen.

Rumtopfkonfitüre

für 6 Gläser à 250 ml / schnell / einfach / etwa 1 Jahr haltbar

500 g Beeren oder eine
Beerenmischung
(frisch oder TK)

500 g Rumtopf
(Saft und Früchte
nach Belieben)

500 g Gelierzucker 2 : 1

Beeren und Rumtopf pürieren. Mit Gelierzucker in einen Topf geben und erhitzen. Sprudelnd etwa 5 Minuten einkochen. Heiß in sterile Twist-off-Gläser füllen und verschließen.

Tipp Mit diesem Rezept lassen sich hervorragend alle Rumtopf-reste verwerten.

Saucen & Eingelegtes

Rumtopfkuchen

für 1 Stück / schnell / ziemlich einfach / etwa 4 Tage haltbar

100 g Schokolade, 60–70 % Kakaogehalt

500 g Rumtopf-Früchte

200 g flüssige Butter

180 g Zucker

¼ TL gemahlene Vanille

4 Eier, Größe L

200 g Mehl

4 TL Backpulver

1 Prise Salz

2 TL gemahlener Zimt

125 g gemahlene Mandeln

200 g Marzipan-rohmasse

Puderzucker

1 Schokolade reiben oder mahlen. Rumtopf-Früchte auf einem Sieb abtropfen lassen, die Flüssigkeit auffangen. Butter, Zucker und Vanille mit den Rührbesen des Handrührgeräts schaumig schlagen. Eier nacheinander zugeben, jedes Ei etwa 30 Sekunden unterrühren. Mehl, Backpulver, Salz und Zimt in eine zweite Schüssel sieben. Mandeln und Schokolade daruntermischen. Mehlmischung und 3 EL Abtropfflüssigkeit mit der Butter-Eier-Masse verrühren.

2 Den Backofen auf 175 °C Ober-/Unterhitze vorheizen. Eine Springform (26 cm Ø) fetten. Die Marzipanrohmasse zu einer Platte in der Größe der Form ausrollen. Etwa ein Drittel des Teigs in die Form füllen und mit der Marzipanplatte abdecken. Den übrigen Teig mit den Früchten mischen und auf dem Marzipan verteilen. Die Springform auf der mittleren Schiene in den Backofen schieben und etwa 75 Minuten backen.

3 Mit einem Holzstäbchen eine Garprobe machen. Den fertigen Kuchen aus dem Backofen nehmen und abkühlen lassen. Zum Servieren mit Puderzucker bestäuben.

Dieser Dessertklassiker ist ein vorzügliches Mitbringsel zu einer Essenseinladung – sollte allerdings vorher mit dem Koch abgestimmt werden, um
die Menüplanung nicht über den Haufen zu werfen.

Rhabarber-Himbeer-Kompott

für 5 Gläser à 250 ml / schnell / einfach / etwa 1 Jahr haltbar

800 g Rhabarber

200 g Himbeeren
(frisch oder TK)

180 g Zucker

100 ml Ahornsirup

1 Vanilleschote

1 Zimtstange

2 Scheiben Ingwer-
wurzel

2 Sternanis

abgeriebene Schale
von 1 Bio-Zitrone

1 Prise Salz

Rhabarber putzen und in 1–2 cm breite Stücke schneiden. Rhabar-
berstücke und Himbeeren mit Zucker in einen Topf geben und 30
Minuten ziehen lassen, bis sie etwas Saft gezogen haben. Die
restlichen Zutaten zugeben und alles aufkochen. Bei geringer Hitze
5–10 Minuten kochen lassen, je nachdem, wie stückig der Rhabarber noch sein soll. Die Gewürze entfernen und das Kompott in
sterile Twist-off-Gläser füllen. Zusammen mit Vanillesauce (siehe
unten) verschenken.

Vanillesauce

für 2 Flaschen à 300 ml / ziemlich schnell / einfach / etwa 5 Tage haltbar

1 Vanilleschote

400 ml Milch

100 g Sahne

2 Eigelb

40 g Zucker

1 TL Speisestärke

Vanilleschote aufschneiden und mit der Milch in einen Topf geben.
Aufkochen, vom Herd nehmen und 30 Minuten ziehen lassen. In
einer Schüssel Sahne, Eigelbe, Zucker und Speisestärke glatt rühren.
Vanilleschote aus der Milch entfernen. Eigelbmischung unter ständigem Rühren zur Vanillemilch geben und aufkochen, sodass die
Sauce etwas eindickt. Heiß in vorbereitete Gläser füllen und verschließen. Nach dem Abkühlen im Kühlschrank aufbewahren.

Cranberry-Orangen-Marmelade

für 6 Gläser à 250 ml / ziemlich schnell / gelingt immer / etwa 1 Jahr haltbar

500 g frische Cranberrys
350 ml Orangensaft, frisch gepresst
500 g Zucker
abgeriebene Schale von 2 Bio-Orangen

Cranberrys mit Orangensaft in einen Topf geben und bei geschlossenem Deckel aufkochen. 15 Minuten bei geringer Hitze kochen lassen, bis die Beeren weich sind. Zucker und Orangenschale dazugeben und unter Rühren weiterköcheln lassen, bis sich der Zucker aufgelöst hat. Anschließend 3–5 Minuten sprudelnd kochen lassen, bis die Marmelade den Gelierpunkt erreicht hat. Sofort in sterile Twist-off-Gläser füllen und fest verschließen.

Ananaskonfitüre mit Kokos

für 4 Gläser à 300 ml / ziemlich schnell / gelingt immer / etwa 1 Jahr haltbar

2 Ananas
500 g Gelierzucker 2 : 1
60 ml Zitronensaft, frisch gepresst
50 g Kokosflocken
50 ml Kokoslikör

1 Die Ananas schälen, vierteln, den harten Strunk entfernen und in Stücke schneiden. Vom Fruchtfleisch 900 g abwiegen. Die Hälfte davon mit Gelierzucker und Zitronensaft mit dem Pürierstab oder im Mixer pürieren. Ananaspüree in einen Topf füllen.

2 Restliche Ananasstücke klein würfeln und mit den Kokosflocken zum Püree in den Topf geben. Auf den Herd stellen, aufkochen und 4 Minuten sprudelnd kochen lassen. Am Ende der Kochzeit den Kokoslikör zugießen. Heiß in sterile Twist-off-Gläser füllen.

Bratapfelkonfitüre mit Zimt und Vanille

für 7 Gläser à 250 ml / braucht Zeit / gelingt immer / etwa 1 Jahr haltbar

Brotaufstriche

50 g Rosinen

4 EL Rum

40 g gehackte Mandeln oder Haselnusskerne

1 Vanilleschote

1,2 kg Äpfel

5 EL frisch gepresster Zitronensaft

2 TL abgeriebene Bio-Zitronenschale

500 g Gelierzucker 2 : 1

1 TL gemahlener Zimt

2 EL Amaretto

1 Die Rosinen mindestens 30 Minuten im Rum einweichen. Die Mandeln in einer Pfanne ohne Fett goldgelb bräunen. Das Mark aus der Vanilleschote kratzen und für ein anderes Rezept verwenden; es wird nur die Schote gebraucht. Alles beiseitestellen.

2 Äpfel schälen, entkernen, würfeln und in einem Topf mit Zitronensaft und -schale mischen. Den Gelierzucker zugeben, alles gut verrühren, die Vanilleschote zugeben und 1 Stunde abgedeckt durchziehen lassen.

3 Zimt, geröstete Mandeln und Rumrosinen zu den Äpfeln in den Topf geben und alles unter Rühren bei mittlerer Hitze langsam aufkochen. 4 Minuten sprudelnd kochen lassen, vom Herd nehmen, Amaretto unterrühren und Konfitüre sofort in sterile Twist-off-Gläser füllen und verschließen.

Mandarinenmarmelade

für 6 Gläser à 250 ml / *schnell* / *einfach* / *etwa 1 Jahr haltbar*

700 g Mandarinenfilets
250 ml Granatapfelsaft
50 ml Zitronensaft,
frisch gepresst
500 g Gelierzucker 2 : 1

Alle Zutaten in einen Topf geben und bei mittlerer Hitze unter gelegentlichem Rühren aufkochen. 4 Minuten sprudelnd kochen lassen und in sterile Twist-off-Gläser füllen.

Tipp Es muss nicht immer Granatapfelsaft sein: Maracujasaft passt sehr gut, und Grand Marnier verleiht der Marmelade eine edle Geschmacksnote. Um einen intensiveren Mandarinengeschmack zu erhalten, die Schalen fein abreiben und mit den anderen Zutaten aufkochen.

Fruchtig, fein und einfach lecker! Englischer Himbeer-Curd zu Scones ist eine himmlische Kombination und ein Geschenk, das auf Feiern jeder Art die Tee- und Kaffeetafel bereichert.

Himbeer-Curd

für 4 Gläser à 250 ml / hoher Suchtfaktor / verlangt Übung / etwa 2 Wochen haltbar

1 kg Himbeeren (frisch oder TK)

450 g Zucker

½ TL Salz

120 g kalte Butter, in Stücken

4 Eier, Größe L

1 Himbeeren in einen Topf geben und mit 2 EL Wasser aufkochen. Kurz köcheln lassen, bis sie zerfallen. Anschließend durch ein Sieb in eine Metallschüssel streichen. Zucker, Salz, Butter und Eier zufügen und in das Wasserbad stellen.

2 Masse im warmen Wasserbad mit dem Schneebesen bei geringer Hitze schlagen, bis der Zucker sich aufgelöst hat. Die Hitze des Wasserbads erhöhen (kochen lassen) und dabei ständig mit einem Holzlöffel rühren. Die Masse sollte dick vom Löffel tropfen, darf aber keinesfalls kochen. Sie wird beim Abkühlen noch fester. Die eingedickte, noch heiße Masse in sterile Twist-off-Gläser füllen.

Scones

für 8 Stück / ziemlich schnell / einfach / etwa 3 Tage haltbar

300 g Mehl

40 g Zucker

2 TL Backpulver

¼ TL Salz

125 g kalte Butter, in Stücken

100 ml Milch oder Buttermilch

1 Ei, Größe L

1 Den Backofen auf 200 °C Ober-/Unterhitze vorheizen. Ein Backblech mit Backpapier belegen. Mehl, Zucker, Backpulver und Salz in einer Schüssel mischen. Die Butter in Stücken mit den Händen kurz unterarbeiten. Milch und Ei vermengen und unterrühren.

2 Den Teig 2 cm dick ausrollen, 8 Kreise ausstechen und auf das Blech legen. Auf der mittleren Schiene in den Backofen schieben und 20 Minuten backen.

Genießen war noch nie ein leichtes Spiel

Wer nicht genießt ist ungenießbar

Am Genuss bekommt man nämlich nie zuviel

Passionsfrucht-Curd

für 4 Gläser à 200 ml / schnell / einfach / etwa 2 Wochen haltbar

100 ml Zitronensaft, frisch gepresst

100 ml Orangensaft, frisch gepresst

200 ml Passionsfruchtfleisch (etwa 8 Früchte)

130 g Zucker

3 Eier, Größe L

4 Eigelb

120 g Butter

1 Zitronen- und Orangensaft mit dem Passionsfruchtfleisch in einen Topf geben und aufkochen. Vom Herd ziehen. Zucker, Eier und Eigelb verrühren. Den heißen Saft unter Rühren in die Eimasse gießen.

2 Das Ganze wieder in den Topf geben und erneut bei geringer Hitze aufkochen. 3–5 Minuten unter Rühren leicht köcheln lassen, bis die Masse etwas eindickt, anschließend durch ein Sieb streichen. Zum Schluss die Butter unterrühren und den Curd so heiß wie möglich in sterile Twist-off-Gläser füllen

Tipp Die Zubereitung geht schneller, wenn statt der frischen Früchte Saft aus dem Supermarkt verwendet wird. Es eignen sich auch Grapefruit-, Granatapfel-, Himbeer- oder Johannisbeersaft.

Verpackungstipp Einmal-Holzbesteck lässt sich wunderbar anmalen oder beschriften. Binden Sie einfach ein paar Gabeln, Löffel oder Messer um das Glas mit dem essbaren Inhalt. Das sieht dekorativ aus und gibt eine persönliche Note.

Panna cotta

für 4 Gläser à 250 ml / schnell / einfach / etwa 1 Woche haltbar

9 Blatt Gelatine

1 Vanilleschote

800 g Sahne

150 g Zucker

1 Gelatine in kaltem Wasser einweichen. Vanilleschote der Länge nach aufschneiden und das Mark herauskratzen. Beides mit Sahne und Zucker in einen Topf geben und zum Kochen bringen. Bei geringer Hitze 5 Minuten kochen lassen.

2 Den Topf vom Herd nehmen und die Schote entfernen. Gelatine ausdrücken und in die heiße Sahne rühren. Heiß in sterile Twist-off-Gläser füllen und fest verschließen. Sobald die Creme geliert, ist sie verzehrfertig. Sie passt sehr gut zum Passionsfrucht-Curd, aber auch zu Rumtopf. Abgekühlt im Kühlschrank aufbewahren.

Kürbismus

für 6 Gläser à 250 ml / *gut im Herbst* / *einfach* / *etwa 1 Jahr haltbar*

1 kg Kürbisfleisch (ohne Kerne)

300 g Zucker

½ Zimtstange

½ TL gemahlene Muskatnuss

3 Gewürznelken

1 Muskatblüte (Macis)

abgeriebene Schale und Saft von 1 Bio-Zitrone (40 ml)

Kürbisfleisch 2 cm groß würfeln. In einem Topf mit etwas Wasser garen, vom Herd nehmen. Anschließend mit den restlichen Zutaten in der Küchenmaschine oder mit dem Pürierstab pürieren. Topf zurück auf den Herd stellen und Masse unter Rühren einkochen. Das Mus sollte eine buttrige Konsistenz haben und leicht am Topfboden ansetzen. So heiß wie möglich in sterile Twist-off-Gläser füllen.

Tipp Da die verschiedenen Kürbissorten mehr oder weniger Wasser enthalten, kann die Einkochzeit zwischen etwa 20 Minuten und 1 Stunde variieren.

Zum Picknick oder zur Grilleinladung – Zwiebelkonfitüre und die fein-
würzigen Zwiebelschnecken von der nächsten Seite passen ausgezeichnet zu
Fleisch, Schinken und vielen kalten Vorspeisen.

Zwiebelkonfitüre

für 3 Gläser à 250 ml / *relativ schnell* / *ziemlich einfach* / *etwa 6 Monate haltbar*

1 kg Schalotten
160 g Zucker
150 g Butter
200 ml Balsamico-Essig
750 ml Weißwein
4 EL Honig
1 Prise gemahlener
Piment
½ TL Salz
frisch gemahlener
schwarzer Pfeffer

1 Schalotten schälen und hacken. Zucker in einem Topf hellbraun
karamellisieren und die Butter darin schmelzen. Schalotten zugeben
und 3–5 Minuten anbraten. Balsamico zugeben und 5 Minuten
einkochen. Weißwein, Honig, Piment und Salz zugeben, aufkochen
und im geschlossenen Topf bei geringer Hitze 30 Minuten kochen
lassen.

2 Den Deckel vom Topf nehmen, die Hitze etwas erhöhen und
10–15 Minuten unter Rühren zu einer breiartigen Masse einkochen.
Kräftig mit Salz und Pfeffer abschmecken, in sterile Twist-off-Gläser
füllen und fest verschließen. Die Gläser auf den Kopf stellen und
während der ersten 1–2 Stunden des Abkühlens alle 30 Minuten
umdrehen. Die Butter setzt sich sonst oben ab.

Variante   *Rote Zwiebelkonfitüre*: Dazu werden rote
Zwiebeln statt Schalotten und Rot- statt Weißwein
verwendet. Sie schmeckt kräftiger und etwas schärfer
als die weiße Variante.

Zwiebelschnecken

für 15 Stück / braucht Zeit / ziemlich einfach / etwa 5 Tage haltbar

500 g Mehl
30 g frische Hefe
30 g brauner Vollrohr-
zucker
2 TL Salz
2 EL Olivenöl
250 g Zwiebelkonfitüre
1 Ei, Größe L
1 EL Milch

1 Mehl in eine Rührschüssel geben und in der Mitte eine Mulde formen. Hefe in 150 ml lauwarmem Wasser auflösen und den Vollrohrzucker einrühren. Flüssigkeit in die Mulde geben und 15 Minuten abgedeckt gehen lassen. 1 TL Salz, Olivenöl und 130 ml Wasser zum Mehl geben und mit den Knethaken des Handrührers oder in der Küchenmaschine kneten, bis sich der Teig vom Schüsselrand löst (etwa 10 Minuten). Aus dem Teig eine Kugel formen, abgedeckt 15 Minuten gehen lassen.

2 Eine Springform (26 oder 28 cm Ø) fetten. Den Teig zu einer Platte von 45 x 30 cm ausrollen und mit der Zwiebelkonfitüre bestreichen. Die Teigplatte von der breiten Seite her aufrollen und von der Rolle 2–3 cm dicke Scheiben abschneiden. Die Scheiben nebeneinander in die Springform stellen und 1 Stunde gehen lassen.

3 Den Backofen auf 200 °C Ober-/Unterhitze vorheizen. Eine feuerfeste Schüssel mit Wasser in den Ofen stellen, damit sich Dampf bildet. Das Ei mit der Milch und 1 TL Salz verrühren und die Schnecken damit bestreichen. Die Springform auf der mittleren Schiene in den Backofen schieben und die Schnecken 35 Minuten backen. Die Form herausnehmen und den Springformrand entfernen. Schnecken abkühlen lassen.

Tipp Dieses Rezept ist ein sehr neutrales Brotrezept. Die Schnecken können natürlich mit jeder anderen süßen oder salzigen Konfitüre, mit vegetarischen Pasten (Seite 158/159) oder Würzpasten (Seite 208–211) gefüllt werden.

Brotaufstriche

Vorsicht: Buttervarianten zu erfinden macht süchtig! Wer damit begonnen hat und weiß, wie es geht, dem fallen immer neue Kombinationsmöglichkeiten und Zutaten ein. Für salzige und süße Buttermischungen eignen sich nicht nur Gewürze, Nüsse oder Kräuter, sondern auch alle Arten von Obst und Gemüse.

Pinienkernbutter

für etwa 250 g / schnell / einfach / etwa 14 Tage haltbar

50 g Parmesan
70 g Pinienkerne
125 g weiche Butter

Fotos aller Butter-variaten Seite 155

Parmesan reiben. Pinienkerne in einer Pfanne ohne Fett goldbraun rösten, bis sie duften. Abkühlen lassen und hacken. Die Butter geschmeidig rühren und mit den Pinienkernen und dem Parmesan mischen.

Verpackungstipp
Zum Verschenken kann die Butter in kleine Gläser gefüllt werden. Da sich Butter gut formen lässt, geht es aber auch anders: Die weiche Butter zur Rolle formen, in Frischhaltefolie wickeln, anschließend in den Kühlschrank (oder in den Gefrierschrank) legen und fest werden lassen. Die Rollen können dann mitsamt der Folie in dekorativem Papier verpackt werden. Besonders schön sieht es aus, wenn man die Butterrollen vor dem Verpacken zusätzlich in einer zur Butter passenden Zutat wälzt: Kräuterbutter in gehackten Kräutern oder Beerenbutter in gehackten Pistazien.
Eine weitere originelle Gestaltungsmöglichkeit bieten kleine Pralinen- und Kuchenformen aus Silikon, die es z. B. als Rosen gibt. Die Butter einfach hineinfüllen und in den Kühlschrank stellen. Wenn die Butter fest geworden ist, herauslösen und einzeln verpackt verschenken.

Brotaufstriche

Paprikabutter

für etwa 250 g / schnell / einfach / etwa 14 Tage haltbar

1 TL Koriandersamen
1 rote Paprikaschote
1 EL frisch gepresster Zitronensaft
125 g weiche Butter
je 1 Messerspitze Salz und frisch gemahlener schwarzer Pfeffer

1 Koriandersamen in einer beschichteten Pfanne ohne Fett anrösten, bis sie duften. Dann zermahlen oder mörsern. Den Backofen auf 200 °C Ober-/Unterhitze vorheizen und ein Stück Backpapier auf das Backblech legen.

2 Paprikaschote halbieren, Trennwände und Kerne entfernen und im Backofen 10 Minuten grillen, bis die Haut Blasen wirft. In Alufolie gewickelt 10 Minuten ruhen lassen, damit sich die Haut löst. Haut abziehen.

3 Das Paprikafleisch mit dem Zitronensaft pürieren. Butter geschmeidig rühren und untermischen. Zum Schluss den zerstoßenen Koriander zufügen, mit Salz und Pfeffer abschmecken.

Curry-Bananen-Butter

für etwa 250 g / schnell / einfach / etwa 14 Tage haltbar

1 reife Banane
1 TL Zitronensaft
125 g weiche Butter
1 EL Curry, ½ TL Salz

Banane zerdrücken und mit Zitronensaft mischen. Butter geschmeidig rühren, Banane, Curry und Salz untermengen, bis sich alle Zutaten gut vermischt haben.

Beerenbutter

für etwa 250 g / schnell / einfach / etwa 3 Tage haltbar

100 g gemischte Beeren
125 g weiche Butter
1 TL Honig
1 EL Zucker
2 EL gehackte Pistazienkerne

Beeren pürieren. Butter geschmeidig rühren. Alle Zutaten miteinander vermengen.

Tipp Die Beeren werden am besten im Mixer püriert. Es funktioniert aber auch mit dem Stabmixer. Notfalls mit der Gabel in einer Schüssel zerdrücken. Wegen der Farbe sollten die roten Beeren überwiegen.

Gomasio-Butter

für etwa 150 g / schnell / einfach / etwa 14 Tage haltbar

2 EL Sesamsaat
1 TL Meersalz
125 g weiche Butter

Für das Gomasio den Sesam in einer Pfanne ohne Fett rösten. Achtung, er verbrennt leicht! Pfanne vom Herd nehmen, das Salz unterrühren. Den Sesam noch warm im Mörser oder in der elektrischen Kaffeemühle fein mahlen. Butter geschmeidig rühren und mit dem Gomasio vermengen.

Tipp Gomasio kommt aus der asiatischen Küche und ist auch ohne Butter sehr lecker. Es eignet sich ähnlich wie pures Salz zum Bestreuen unterschiedlicher, vor allem asiatischer Gerichte.

Kräuterbutter

für etwa 150 g / schnell / einfach / etwa 14 Tage haltbar

125 g Butter
1 Knoblauchzehe
3 EL frisch gehackte Kräuter nach Wahl
Salz, schwarzer Pfeffer und gemahlener Chili nach Belieben

Butter geschmeidig rühren. Knoblauch hacken, mit den Kräutern unter die Butter rühren. Mit Salz, Pfeffer und 1 Prise Chili abschmecken.

Tipp Ich liebe Kräuterbutter nur mit Schnittlauch, es eignen sich aber alle Sorten von Kräutern in beliebigen Kombinationen. Basilikum, Rosmarin, Salbei oder Oregano erinnern an Italien, Minze und Koriander geben eher einen orientalischen Geschmack.

Senfbutter

für etwa 150 g / schnell / einfach / etwa 14 Tage haltbar

125 g weiche Butter
2 EL Senf nach Belieben
1 TL gehackter Dill

Butter geschmeidig rühren, Senf nach Geschmack sowie Dill untermischen und alles gut verrühren.

Tipp Schmeckt auch gut mit ein wenig gehobelter Gurke, Estragon und geriebener Orangenschale.

Luxusbutter mit Trüffel

für etwa 150 g / schnell / einfach / etwa 14 Tage haltbar

125 g weiche Butter

5–10 g schwarze oder weiße Trüffel (ersatzweise 1 TL Trüffelöl und 1 Stück chinesische Trüffel)

1 Prise Salz

Foto vorige Seite

Butter geschmeidig rühren. Trüffel fein hobeln und mit Salz unter die Butter mengen. Wenn man die sündhaft teuren echten Trüffel verwendet, braucht man natürlich kein Trüffelöl. Wer sich das nicht leisten kann, darf auch billige chinesische Trüffel verwenden und die Butter mit Trüffelöl abschmecken. Dann dienen die Trüffelstücke eher als Deko für die typischen schwarzen Einsprengsel in der Butter. Der Geschmack kommt vom Öl. Das ist zwar nicht die edelste Variante, aber es schmeckt trotzdem – und man kann ein bisschen Eindruck schinden.

Verpackungstipp
Zum Verschenken sieht es schön aus, wenn Sie die Butterwürfel in Backpapier verpacken. Das gibt es mittlerweile sogar mit schönen Mustern.

Orient-Gewürzbutter

für etwa 150 g / schnell / einfach / etwa 14 Tage haltbar

1 TL Koriandersamen

1 kleine Knoblauchzehe

3 cm Ingwerwurzel

125 g weiche Butter

je 1 gestrichener TL Kurkuma + schwarzer Pfeffer + edelsüßes Paprikapulver

½ TL gemahlener Kardamom

je ¼ TL gemahlener Zimt + gemahlene Vanille

Foto vorige Seite

Koriandersamen in einer beschichteten Pfanne ohne Fett anrösten, bis sie duften. Dann zermahlen oder mörsern. Knoblauch fein hacken. Ingwerwurzel schälen und fein reiben. Butter geschmeidig rühren und mit Koriandersamen, Knoblauch, Ingwer, Kurkuma, Pfeffer, Paprikapulver, Kardamom, Zimt und Vanille vermengen. So lange rühren, bis eine geschmeidige Masse entstanden ist.

Brotaufstriche

Die Knusperblätter sind eine tolle Partyknabberei zu Bier oder Wein. Als kleiner Snack munden sie gut zu den verschiedenen vegetarischen Pasten auf Seite 158/159. Diese wiederum eignen sich auch als eigenständige Geschenke und lassen sich auf jedes Brot streichen oder für Sandwiches verwenden.

Kichererbsen-Knusperblätter

für 24 Stück / braucht Zeit / verlangt Übung / etwa 1 Monat haltbar

250 g Kichererbsen-
mehl

½ TL Salz

2 EL Olivenöl

2 EL schwarze
Sesamsaat

grobes Meersalz

grob gemahlener
schwarzer Pfeffer

Foto nächste Seite

1 Das Kichererbsenmehl, 500 ml Wasser, Salz und Olivenöl mit dem Schneebesen in einer Schüssel verrühren. Den Backofen auf 240 °C Ober-/Unterhitze vorheizen. Ein Backblech mit Backpapier oder einer Silikonmatte belegen und dünn mit Öl bepinseln. (Die Silikonmatte eignet sich besser, da sich das Papier bei dem flüssigen Teig schnell wellt, dann kann man den Teig nicht mehr dünn aufstreichen.)

2 Aus dem Teig 8 dünne Blätter à 15 x 5 cm auf die Silikonmatte streichen, mit Sesam, Salz und Pfeffer bestreuen. Das Backblech auf die mittlere Schiene in den Backofen schieben. Die Knusperblätter etwa 10 Minuten backen, bis sie braun werden. Das Blech herausnehmen und die Blätter umdrehen. Weitere 2 Minuten backen. Aus dem Ofen nehmen und abkühlen lassen.

Tipp Achten Sie bitte darauf, dass der Teig schön dünn ausgestrichen wird, denn die Blätter schmecken nur, wenn sie knusprig sind. Auch sollte der Teig möglichst gleichmäßig verteilt sein, sonst bräunt er ungleichmäßig. Der Teig kann auch über das ganze Blech verteilt und nach dem Backen einfach in Stücke gebrochen werden.

Schafskäsecreme mit Haselnusskernen

für etwa 250 g / vegetarisch / einfach / etwa 7 Tage haltbar

100 g Haselnusskerne
150 g Feta (Schafskäse)
50 g weiche Butter
1 EL Schmand
Meersalz, Pfeffer

Die Haselnusskerne in einer beschichteten Pfanne ohne Fett leicht anrösten, dann mit einem großen Messer grob hacken. Beiseitestellen. Den Feta zerbröckeln und mit Butter und Schmand zu einer glatten Creme rühren. Mit Salz und Pfeffer nach Belieben abschmecken. Zum Schluss die Haselnusskerne unterrühren.

Oliven-Kapern-Paste

für etwa 250 g / vegetarisch / einfach / etwa 2 Wochen haltbar

2 Knoblauchzehen
150 g schwarze Oliven
1 EL Kapern
80 ml Olivenöl
1 EL Zitronensaft
Pimentón de la Vera
Meersalz, Pfeffer

Knoblauch schalen und klein schneiden, mit Oliven ohne Stein und Kapern mit dem Pürierstab oder im Mixer pürieren. Nach und nach das Olivenöl dazugießen. Mit Zitronensaft, Pimentón, Salz und Pfeffer pikant abschmecken.

Tipp Pimentón de la Vera ist ein scharfes spanisches Paprikapulver.

Tofupaste mit Oliven und Walnusskernen

für etwa 350 g / vegetarisch / einfach / etwa 5 Tage haltbar

50 g Walnusskerne
200 g Tofu
1 EL Olivenöl
1 TL Honig
100 g grüne Oliven
1 EL Zitronensaft
Meersalz

Walnüsse in einer trockenen Pfanne goldgelb rösten und grob hacken. Beiseitestellen. Tofu zerbröckeln. Mit Öl, Honig, Oliven ohne Stein, Zitronensaft und Salz nach Belieben mit dem Pürierstab oder im Mixer zu einer feinen Paste mixen. Zum Schluss die Walnüsse unterheben.

Tipp Brotaufstriche sollten natürlich im Kühlschrank aufbewahrt werden.

Brotaufstriche

Pikanter Linsenaufstrich nach indischer Art

für etwa 350 g / vegetarisch / einfach / etwa 2 Wochen haltbar

100 g rote Linsen

1 EL gemahlene Kurkuma

1 TL gemahlener Kreuzkümmel

½ TL gemahlene Koriandersamen

½ TL Garam Masala

½ TL brauner Rohrzucker

1 EL Sesamöl

100 g griechischer Sahnejoghurt

1 EL Zitronensaft

1 Prise gemahlener Chili

Meersalz

Linsen waschen. 180 ml Wasser zum Kochen bringen, die Linsen hinzufügen und in etwa 10 Minuten weich kochen. Abkühlen lassen. Linsen mit den Gewürzen, Sesamöl und Sahnejogurt verrühren. Die Linsen sind so weich, dass sie dabei völlig zerfallen. Mit Zitronensaft, Chili und Salz kräftig abschmecken.

Paprikamandeln

ergibt etwa 200 g / *schnell* / *einfach* / *etwa 1 Monat haltbar*

50 g Salz

200 g Mandeln, blanchiert

2 TL edelsüßes oder rosenscharfes Paprikapulver nach Belieben

In einem Topf 200 ml Wasser mit dem Salz aufkochen, Mandeln dazugeben und alles 30 Minuten ziehen lassen. Dann abgießen und in einer Schüssel mit dem Paprikapulver mischen. Den Backofen auf 150 °C Ober-/Unterhitze vorheizen. Ein Backblech mit Backpapier belegen. Die Mandeln auf dem Backpapier verteilen, das Blech auf der mittleren Schiene in den Backofen schieben und die Mandeln 15 Minuten trocknen lassen.

Tipp Statt Paprikapulver eignen sich auch andere Gewürze für die Mandeln. Probieren Sie es doch mal mit einer meiner Gewürzmischungen von Seite 195–197.

Currynüsse

ergibt etwa 220 g / *schnell* / *einfach* / *etwa 1 Monat haltbar*

200 g Cashewkerne

1 TL rote, gelbe oder grüne Currypaste nach Belieben

1 gestrichener TL Salz

1 EL Nussöl nach Belieben (z. B. Walnuss, Kürbiskern, Haselnuss)

1 EL Honig

Den Backofen auf 180 °C Ober-/Unterhitze vorheizen. Ein Backblech mit Backpapier belegen. Alle Zutaten in einer Schüssel gut vermischen. Gleichmäßig auf dem Backpapier verteilen, die Cashewkerne sollten möglichst nicht aneinanderkleben. Das Backblech auf die mittlere Schiene in den Backofen schieben und die Currynüsse 8 Minuten rösten. Herausnehmen und abkühlen lassen.

Rosinenbrot mit Lavendel

für 2 Stück / braucht Zeit / nicht schwierig / etwa 5 Tage haltbar

20 g Hefe

500 g Mehl

2 EL Zucker

1½ TL Salz

2 EL Milchpulver

3 EL getrocknete
Lavendelblüten

4 Eier, Größe L

4 EL Olivenöl

250 g Rosinen

1 Die Hefe in 100 ml lauwarmem Wasser auflösen und 5 Minuten abgedeckt stehen lassen. Alle Zutaten bis auf die Rosinen in eine Rührschüssel geben, die Hefemischung zufügen, alles verrühren. Den Teig auf einer bemehlten Arbeitsfläche mit den Händen 10 Minuten kräftig zu einem geschmeidigen Teig kneten. Zu einer Kugel formen, in eine Schüssel oder auf ein Backblech legen, mit einem Küchentuch abdecken und 2 Stunden an einem warmen Ort gehen lassen. Der Teig soll sein Volumen etwa verdoppeln.

2 Ein Backblech mit Backpapier belegen. Die Rosinen in den Teig kneten und den Teig halbieren. Zwei runde Brotlaibe formen und auf das Backblech legen. Mit einem Küchentuch abdecken und nochmals 1 Stunde an einem warmen Ort gehen lassen.

3 Den Backofen auf 200 °C Ober-/Unterhitze vorheizen. Ein Schüsselchen mit Wasser in den Ofen stellen, damit sich Dampf bildet und die Brote nicht austrocknen. Das Backblech auf die mittlere Schiene in den Backofen schieben und das Rosinenbrot 40 Minuten backen. Herausnehmen und auf einem Kuchengitter abkühlen lassen.

Brötchenkranz

für 1 Stück / braucht Zeit / verlangt Übung / etwa 5 Tage haltbar

Teig:

20 g frische Hefe
250 ml lauwarme Milch
60 g flüssige Butter
2 EL Zucker
2 TL Salz
560 g Mehl
2 Eier, Größe L

Belag:

1 Ei, Größe L
1 EL Milch
1 Prise Salz
Mohn- und
Sesamsamen

1 Für den Teig die Hefe in 100 ml lauwarmem Wasser auflösen und 5 Minuten abgedeckt stehen lassen. Alle Zutaten in eine Rührschüssel geben, die Hefemischung zugeben, alles miteinander verrühren. Den Teig auf einer bemehlten Arbeitsfläche mit den Händen 10 Minuten kräftig zu einem geschmeidigen Teig kneten. Zu einer Kugel formen, in eine Schüssel oder auf ein Backblech legen, mit einem Küchentuch abdecken und 90 Minuten an einem warmen Ort gehen lassen. Der Teig sollte sein Volumen etwa verdoppeln.

2 Aus dem Teig 19 gleich große Kugeln formen. Eine Springform (26 cm Ø) fetten. 12 Teigkugeln als äußeren Rand in die Form legen, 6 als inneren Kreis hineinsetzen und die letzte Kugel in die Mitte legen. Abgedeckt und an einem warmen Ort weitere etwa 45 Minuten gehen lassen.

3 Den Backofen auf 200 °C Ober-/Unterhitze vorheizen. Ein Schüsselchen mit Wasser mit in den Ofen stellen, damit sich Dampf bildet. Ei, Milch und Salz in einer Schüssel verquirlen. Die Brötchen mit der Eimischung bestreichen und abwechselnd mit Sesam- und Mohnsamen bestreuen.

4 Die Springform auf der mittleren Schiene in den Backofen schieben und den Brotkranz 40–45 Minuten backen. Der Kranz ist fertig, wenn er beim Daraufklopfen hohl klingt. Aus dem Backofen nehmen und abkühlen lassen.

Tipp Sie können auch andere ölhaltige Samen wie Sonnenblumen-, Kürbis-, Walnuss- oder Haselnusskerne verwenden.

Ob süß oder salzig – knusprige, fettarme und gesunde Chips lassen sich ganz einfach aus Äpfeln, Birnen und jeder Kartoffelsorte herstellen, auch Süßkartoffeln eignen sich dafür. In einer attraktiven Tüte ein tolles Geschenk!

Apfelchips

für etwa 150 g / braucht Zeit / verlangt Übung / etwa 3 Monate haltbar

100 g Zucker
150 ml Zitronensaft, frisch gepresst
3 kleine Äpfel (etwa 300 g)

1 Zucker und Zitronensaft in einen Topf geben und bei geringer Hitze aufkochen. Gelegentlich umrühren, bis sich der Zucker aufgelöst hat. 3 Minuten einkochen lassen und den Topf vom Herd nehmen. Die Äpfel waschen und nach Belieben das Kerngehäuse entfernen. Mit der Brotschneidemaschine in 1–2 mm dünne Scheiben schneiden.

2 Den Backofen auf 100 °C Umluft vorheizen. Backblech (wenn möglich vier Bleche) mit Backpapier belegen. Die Apfelscheiben in den Zitronensirup tauchen, auf das Backpapier legen und im Backofen 2 Stunden trocknen lassen. Die Chips herausnehmen und sofort vom Backpapier lösen. Auf einem Kuchengitter abkühlen lassen. In einer Blechdose aufbewahren.

Variante Birnenchips: Statt der Äpfel einfach Birnen verwenden.

Tipp Das Kerngehäuse der Äpfel kann man entfernen, muss man aber nicht. Das Sternchen vom Kerngehäuse sieht sehr schön aus, wenn man den Apfel quer in Scheiben schneidet.

Knabbereien und Brot

Süßkartoffelchips

für etwa 50 g / schnell gemacht / verlangt Übung / etwa 2 Wochen haltbar

1 Süßkartoffel
(etwa 200 g)
Olivenöl
Salz

Den Backofen auf 180 °C Umluft vorheizen. Ein Backblech mit Backpapier belegen und das Backpapier dünn mit Öl bepinseln. Süßkartoffel schälen und mit der Brotschneidemaschine in 1–2 mm dünne Scheiben schneiden. Scheiben auf das Blech legen und mit Öl bestreichen, mit Salz bestreuen. Das Backblech in den Backofen schieben und je nach Dicke der Scheiben 10–20 Minuten backen, bis sie goldbraun sind. Herausnehmen und abkühlen lassen.

Tipp Als Gewürz eignen sich verschiedene Salzmischungen, z. B. Trüffelsalz oder Chilisalz.

Variante *Rote-Bete-Chips oder Kartoffelchips:* Dafür einfach Rote-Bete-Knollen oder festkochende Kartoffeln statt der Süßkartoffel verwenden.

Pestokekse

für etwa 50 Stück / Kühlzeit beachten / ziemlich einfach / etwa 3 Wochen haltbar

50 g Pinienkerne

220 g Mehl

125 g kalte Butter, in Stücken

3 gehäufte EL fein geriebener Parmesan

4 TL getrocknetes Basilikum (oder 8 TL frisch gehacktes)

2 gehäufte TL Pesto (Glas)

1 TL Salz

1 TL Zucker

1 Ei, Größe S

1 EL Weißweinessig

1 Pinienkerne in einer beschichteten Pfanne ohne Fett goldbraun rösten, herausnehmen und klein hacken. Mehl und Butter in einer Schüssel mit den Fingerspitzen möglichst schnell zu einer bröseligen Masse verkneten. Die restlichen Zutaten hinzufügen und mit den Knethaken des Handrührgeräts daraus einen Mürbeteig kneten. Den Teig zu einer Kugel formen, in Frischhaltefolie wickeln und 2 Stunden in den Kühlschrank legen.

2 Den Backofen auf 200 °C Ober-/Unterhitze vorheizen. Ein Backblech mit Backpapier belegen. Den Teig etwa 3 mm dick ausrollen, mit Ausstechern Kekse in beliebiger Form ausstechen und auf das Backpapier legen. Das Backblech auf der mittleren Schiene in den Backofen schieben und die Pestokekse 12 Minuten backen. Herausnehmen und abkühlen lassen.

Steinpilzkekse

für etwa 50 Stück / Kühlzeit beachten / ziemlich einfach / etwa 3 Wochen haltbar

30 g getrocknete
Steinpilze

200 g Mehl

100 g kalte Butter,
in Flocken

1 gestrichener TL Salz

1 EL Puderzucker

2 Eigelb

1 EL Weißweinessig

1 Die Steinpilze im Mixer oder mit einer Kaffeemühle fein mahlen. Mehl, Steinpilzpulver und Butter in einer Schüssel mit den Fingerspitzen möglichst schnell zu einer bröseligen Masse verkneten. Die restlichen Zutaten und 1 EL kaltes Wasser hinzufügen und mit den Knethaken des Handrührgeräts einen Mürbeteig kneten. Den Teig zu einer Kugel formen, in Frischhaltefolie wickeln und 2 Stunden in den Kühlschrank legen.

2 Den Backofen auf 200 °C Ober-/Unterhitze vorheizen. Ein Backblech mit Backpapier belegen. Den Teig etwa 3 mm dick ausrollen, mit Ausstechern nach Belieben Kekse ausstechen und auf das Backpapier legen. Das Backblech auf der mittleren Schiene in den Backofen schieben und die Steinpilzkekse 10 Minuten backen. Herausnehmen und abkühlen lassen.

Parmesanröllchen

für 25–30 Stück / schnell / verlangt Fingerfertigkeit / etwa 1 Woche haltbar

4 Eiweiß
20 g Puderzucker
20 g Weichweizengrieß
80 g Mehl
1 TL Salz
120 g Parmesan,
frisch gerieben
3 EL flüssige Butter
etwa 6 EL Milch

1 Eiweiße und Zucker in einer Rührschüssel mit den Rührbesen des Handrührgeräts halb steif schlagen. Nacheinander Grieß, Mehl und Salz unterrühren, anschließend Parmesan, Butter und Milch. Den Backofen auf 200 °C Ober-/Unterhitze vorheizen. Ein Backblech mit Backpapier belegen.

2 Mit einem Teelöffel den Teig in kleinen Häufchen auf das Blech setzen und diese dünn zu Kreisen à 10 cm Ø verstreichen. Das Backblech auf der mittleren Schiene in den Backofen schieben und Teigkreise etwa 5 Minuten backen. Aufpassen, dass der Teig nicht zu dunkel wird. Das Backblech aus dem Ofen nehmen. Die Kreise sofort vom Backpapier lösen und um einen Kochlöffelstiel wickeln. Abnehmen und abkühlen lassen.

Tipp Um den Keksen eine besonders italienische Note zu verleihen, einfach frische gehackte Kräuter wie Basilikum, Rosmarin oder Oregano unter den Teig rühren.
Immer nur wenige Kekse auf einem Blech backen und einzeln herausnehmen, weil sie sich kalt nicht mehr rollen lassen – und das geht schnell! Die Röllchen schmecken knusprig noch besser, deshalb die fertigen Röllchen im Backofen nach Belieben etwas nachrösten.

Knabbereien und Brot

Parmesan Röllchen

Getrocknetes aus Obst und Gemüse

Getrocknetes ist schon pur ein Genuss. Denken Sie nur an fruchtige Erdbeer- oder Mangoscheiben, die man wie Chips knabbern kann. Noch vielfältiger sind die Möglichkeiten der Weiterverarbeitung getrockneter Obst- und Gemüsescheiben: In der Kaffeemühle zu feinem Pulver gemahlen, sind sie fast grenzenlos einsetzbar. Da ihnen beim Trocknen nur Wasser entzogen wird, bleibt der Geschmack erhalten und wird sogar noch intensiver. So kann man sie unter die verschiedensten Gerichte mengen, Tee daraus machen oder das Pulver mit Gewürzen mischen.

Dip-Pulver

für jeweils 1 Portion Dip Pulver / braucht Zeit / einfach / etwa 6 Monate haltbar

Für die verschiedenen Mischungen einfach alle Zutaten miteinander vermengen. Die Dips als Vorspeise oder als Snack zu Wein reichen. Das Dip-Pulver in kleine Schälchen füllen, dazu gibt es ein Schüsselchen Olivenöl oder getrocknete Kirschtomaten in Öl (Seite 176) und natürlich frisches Fladenbrot (Seite 175). Das Brot wird erst in etwas Öl und anschließend in das Dip-Pulver getaucht.

Auberginen-Sesam-Dip

1 EL Auberginenpulver

3 EL Sesamsaat, geröstet und gemahlen

1 TL Salz

¼ TL Knoblauchpulver

Tomaten-Basilikum-Dip

2 TL Tomatenpulver

1 TL Zwiebeln

½ TL getrocknetes Basilikum, gemahlen

¼ TL Knoblauchpulver

1 Prise Salz

Spinatdip

1 TL Spinatpulver

½ TL Knoblauchpulver

½ TL gemahlener Ingwer

¼ TL gemahlene Vanille

½ TL fein gemahlene Semmelbrösel

½ TL Salz

frisch gemahlener schwarzer Pfeffer

Zucchinidip

2 TL Zucchinipulver

1 TL gemahlener Koriander, geröstet

1 TL Minzpulver

1 EL Cashewkerne, geröstet und gemahlen

½ TL Zitronengras, fein gemahlen

1 Zitronen- oder Limettenblatt, fein gemahlen

Karotten-Ananas-Dip

2 TL Möhrenpulver

1 TL Ananaspulver

1 TL Kokosflocken, fein gemahlen

1 TL gemahlener Ingwer

1 Prise Salz

Apfel-Meer-rettich-Dip

2 TL Apfel

2 TL Meerrettich

¼ TL Zitronenschale

frisch gemahlener schwarzer Pfeffer

Gelber Paprikadip

2 TL gelbes Paprika-pulver

1 TL Mangopulver

2 TL Mandeln, ge-röstet und gemahlen

1 Prise Salz

Erdbeer-Chili-Dip

2 TL Erdbeerpulver

1 TL Kirschtomaten-pulver

½ TL gemahlener Chili nach Belieben

Roter Paprikadip

1 TL Paprikapulver (selbst gemacht)

½ TL edelsüßes Paprikapulver (Gewürzregal)

¼ TL getrockneter Oregano, fein gemahlen

¼ TL Salz

¼ TL gemahlener Chili

1 Prise Puderzucker

Gurkendip

2 TL Gurkenpulver

1 TL Dill

½ TL Salz

Rote-Bete-Dip

2 TL Rote-Bete-Pulver

1 TL Birnenpulver

¼ TL fein abgeriebene Bio-Orangenschale

¼ TL gemahlene Vanille

Fladenbrot

für 2 Stück / Ruhezeit beachten / relativ einfach / etwa 4 Tage haltbar

500 g Mehl
15 g frische Hefe oder
½ Päckchen Trocken-
hefe
½ TL Zucker
1 TL Salz
3 EL Olivenöl
1 Ei, Größe L

1 Mehl in eine Schüssel geben und in die Mitte eine Mulde drücken. Hefe hineinbröckeln und mit Zucker und 150 ml lauwarmem Wasser verrühren. Etwas Mehl über die Hefemischung stäuben, 10 Minuten abgedeckt gehen lassen.

2 Dann noch einmal 150 ml lauwarmes Wasser, Salz und 2 EL Öl zum Mehl in die Schüssel geben und alles 10 Minuten mit den Händen zu einem elastischen festen Teig kneten. Den Teig zu einer Kugel formen, mit dem restlichen Öl bepinseln und in eine Schüssel legen. Mit einem Küchentuch abdecken und an einem warmen Ort 1 Stunde gehen lassen, bis der Teig sein Volumen verdoppelt hat.

3 Teig noch einmal durchkneten, halbieren und jeweils zu einer Kugel formen. Ein Backblech mit Backpapier belegen. Jede Kugel zu einem 5 mm dicken Fladen ausrollen und auf das Backpapier legen, mit einem Küchentuch bedecken und an einem warmen Ort 20 Minuten gehen lassen. Den Backofen auf 220 °C Ober-/Unterhitze vorheizen.

4 Ei und 1 EL Wasser verrühren. Mit der stumpfen Seite eines Messers ein Rautenmuster in die Fladen ritzen und das Brot mit der Eimischung bestreichen. Das Backblech auf die mittlere Schiene in den Backofen schieben und die Fladen 15 Minuten backen. Aus dem Ofen nehmen und zum Abkühlen in ein Küchentuch wickeln, damit die Fladen weich bleiben und nicht austrocknen.

Tipp Weitere Hinweise zum Trocknen gibt es auf Seite 214–221. Viele fertig getrocknete Obst- und Gemüsesorten gibt es im Asialaden. Ein reichhaltiges Angebot an getrockneten Kräuter, Blüten etc. kann man in fast jeder Apotheke bestellen, sogar in eigens zusammengestellten Mischungen. Kräuter und Blüten findet man auch in gut sortierten Supermärkten oder Gewürzläden (auch im Internet).

Getrocknete Kirschtomaten in Olivenöl

für 1 Glas à 400 ml / braucht Zeit / relativ einfach / etwa 3 Monate haltbar

Olivenöl
500 g Kirschtomaten
Salz
2 Knoblauchzehen
2 EL frische Rosmarin-
nadeln
2 EL frische Thymian-
blättchen

1 Den Backofen auf 100 °C Umluft vorheizen. Ein Backblech mit Backpapier belegen und dünn mit Öl bepinseln. Tomaten halbieren und mit der Schnittfläche nach oben auf das Backpapier legen, etwas salzen. Das Backblech auf der mittleren Schiene in den Backofen schieben und die Kirschtomaten 2 Stunden trocknen lassen.

2 Die Knoblauchzehen schälen und in dünne Scheiben schneiden. Die Kirschtomaten aus dem Backofen nehmen und mit Knoblauch-scheiben und Kräutern bestreuen. Das Backblech wieder in den Backofen schieben und die Tomaten weitere 2 Stunden trocknen lassen. Die noch etwas weichen Tomatenhälften vom Blech neh-men, in Gläser füllen und mit Olivenöl übergießen. Sie müssen vollständig mit Öl bedeckt sein.

Tipp Wer keinen Knoblauch mag, lässt ihn einfach weg. Als Würzkräuter eignen sich auch sehr gut Oregano oder Salbei.

176

Bunte Kekse

für 40–50 Stück / Ruhezeit beachten / relativ einfach / etwa 3 Wochen haltbar

100 g Puderzucker

2 TL Gemüse- oder Obstpulver nach Belieben (Seite 172)

150 g kalte Butter, in Stücken

1 Prise Salz

3 Eigelb

200 g Mehl

30 g Speisestärke

1 In einer Schüssel Puderzucker mit Obst- oder Gemüsepulver, Butter und Salz verrühren. Eigelbe unterrühren und anschließend Mehl und Speisestärke. Nur so lange rühren, bis sich alle Zutaten vermischt haben. Den Teig zu einer Kugel formen, in Frischhaltefolie wickeln und mindestens 2 Stunden im Kühlschrank ruhen lassen.

2 Den Backofen auf 170 °C Ober-/Unterhitze vorheizen. Ein Backblech mit Backpapier belegen. Den gekühlten Teig 5 mm dick ausrollen, Kekse in beliebiger Form ausstechen und auf das Backpapier legen. Das Backblech auf die mittlere Schiene in den Backofen schieben und Kekse 10–12 Minuten backen. Sie sollten nicht zu stark bräunen, damit die Farbe erhalten bleibt. Herausnehmen, abkühlen lassen und in Dosen packen.

Tipp Wer eine intensivere Färbung wünscht, kann mit Lebensmittelfarbe nachhelfen.

Aus getrocknetem Gemüse lassen sich tolle Fertiggerichte zaubern, die mit einer Kochanleitung versehen ein wunderbares Geschenk sind. Schmeckt viel besser als Massenware, ist gesund und originell.

Pilzrisotto

für 2 Portionen / aufwendige Vorbereitung / verlangt Übung / etwa 1 Jahr haltbar

200 g Champignons, in Scheiben geschnitten und getrocknet

1 TL getrockneter Knoblauch

1 EL getrocknete Zwiebel

200 g Risottoreis

Die Gemüse putzen, schneiden und trocknen (Seite 219 ff.). Mit dem Reis mischen und in eine Tüte geben. Mit Anleitung verschenken.

Tipp Sie können auch Parmesan in einem kleinen Säckchen und Wein sowie Gemüsebrühe in Flaschen zum Fertiggericht verschenken, dann muss der Beschenkte nichts mehr selbst besorgen.

Variante *Spargelrisotto:* Statt der Champignons 500 g Spargel schälen, in mundgerechte Stücke schneiden und trocknen lassen.

Pilzrisotto

Mischung kurz in Olivenöl anschwitzen, mit 100 ml Weißwein ablöschen. Nach und nach etwa 750 ml heiße Gemüsebrühe mit einem Schöpflöffel zugießen und den Risotto unter ständigem Rühren bei geringer Hitze langsam garen. Das dauert 20–25 Minuten. Vor dem Servieren 80 g frisch geriebenen Parmesan und nach Belieben 1 EL Butter unterrühren.

Linsencurry mit Mango und Kokos

für 2 Portionen / aufwendige Vorbereitung / verlangt Übung / etwa 1 Jahr haltbar

1 Zwiebel

2 Knoblauchzehen

2 Möhren

1 Mango

250 g rote Linsen

5 TL gekörnte Instant-Gemüsebrühe

1 EL Currypulver

1 TL gemahlener Kreuzkümmel

¼ TL schwarzer Pfeffer

¼ TL gemahlener Chili

Das Gemüse waschen und putzen. Zwiebel und Knoblauchzehen klein würfeln, Möhren und Mango in dünne Scheiben schneiden. Gemüsewürfel und Obstscheiben trocknen (Seite 219 ff.). Zum Verschenken alle Zutaten in eine Tüte oder Dose geben.

Linsencurry mit Mango und Kokos

1 Dose Kokosmilch (ca. 400 ml) mit 700 ml Wasser in einen Topf geben, erwärmen und die gesamte Trockenmischung unterrühren. Aufkochen und 15 Minuten bei geringer Hitze kochen lassen. Gelegentlich umrühren.

Steinpilzsuppe

für 2 Portionen / aufwendige Vorbereitung / verlangt Übung / etwa 1 Jahr haltbar

50 g getrocknete Steinpilze

1 EL getrocknete Zwiebeln

1 TL getrockneter Knoblauch

6 EL Vollmilchpulver

2 gestrichene EL gekörnte Instant-Gemüsebrühe

je 1 TL getrockneter Thymian + Bohnenkraut

1 TL edelsüßes Paprikapulver

½ TL Zucker

1 Lorbeerblatt

Alle Zutaten gründlich mischen und in eine Tüte oder Dose füllen.

Tipp Wer die Arbeit des Trocknens scheut, die Idee mit der Tütensuppe aber witzig findet: Für die Steinpilzsuppe gibt es alle getrockneten Zutaten fertig zu kaufen.

Verpackungstipp

Die Suppen lassen sich gut in selbst gebastelten Tüten verschenken (Seite 216), auf die außen die Koch-anleitung kommt.

Steinpilzsuppe

750 ml lauwarmes Wasser in einen Suppentopf füllen und den Tüteninhalt unterrühren. Topf auf den Herd stellen, aufkochen, umrühren und die Suppe 10 Minuten bei geringer Hitze kochen lassen.

Fertiggerichte und Tütensuppen

Italienische Gemüsesuppe

für 2 Portionen / aufwendige Vorbereitung / verlangt Übung / etwa 1 Jahr haltbar

2 Möhren

1 Zucchini

½ Aubergine

1 Paprikaschote

1 Knoblauchzehe

1 Stange Lauch

2 gestrichene EL gekörnte Instant-Gemüsebrühe (15 g)

je 1 TL getrockneter Thymian + Oregano

1 TL edelsüßes Paprikapulver

½ TL getrockneter Rosmarin

1 Prise gemahlener Chili

1 Lorbeerblatt

schwarzer Pfeffer

Gemüse klein schneiden und trocknen (Seite 219 ff.). Das Gemüse sollte so trocken sein, dass es bricht. Anschließend das Gemüse mit den restlichen Zutaten in eine Papiertüte füllen, die mit der Kochanleitung beschriftet ist.

Tipp Dazu als Extra einen Beutel mit geriebenem Parmesan verschenken!

Italienische Gemüsesuppe

1 l Wasser in einem Suppentopf zum Kochen bringen, den Inhalt der Tüte hineinschütten, umrühren und 10 Minuten bei geringer Hitze im geschlossenen Topf kochen lassen. Fertig!

Lauch-Kartoffel-Suppe

für 1–2 Portionen / aufwendige Vorbereitung / verlangt Übung / etwa 1 Jahr haltbar

2 EL Kartoffelpüree-pulver (mit Milch)

1 EL Lauchpulver (Anleitung Seite 219)

2 TL gekörnte Instant-Gemüsebrühe

½ TL Salz

schwarzer Pfeffer

Alle Zutaten mischen und in eine Tüte geben. Mit Kochanleitung verschenken.

Lauch-Kartoffel-Suppe

250 ml Wasser in einem Topf aufkochen, die Mischung unterrühren und kurz aufkochen. Den Topf vom Herd nehmen und mit 1 EL Zitronensaft und 2 EL Sahne abschmecken.

In letzter Minute

Aromatisierte Schokolade

für 8 Tafeln à 50 g / ohne Backen / ziemlich einfach / etwa 2 Monate haltbar

400 g Schokolade
nach Belieben

Aromen nach Belieben

Foto vorige Seite

1 Schokolade nach Anleitung (Seite 218) temperieren. Im flüssigen Zustand mit Aromen versehen: Nach Belieben können Lebkuchengewürz, Espressopulver, Zitronen- oder Orangenschalen, Likör, gemahlener Zimt oder Chili unter die Schokolade gerührt werden.

2 Die temperierte Schokolade dann 3–5 mm dick auf Backpapier streichen. Nach Belieben mit Rosenblüten, Lavendelblüten, rosa Pfeffer, gehackten Mandeln/Nüssen, Schokospänen oder kandierten Fruchtstücken bestreuen. Die Tafeln bei Zimmertemperatur fest werden lassen und verpacken.

Ganz wichtig: Die temperierte Schokolade darf auf keinen Fall mit Wasser in Berührung kommen. Ein Tropfen bereits macht sie klumpig!

Minimuffins

für etwa 60 Stück / einfach / schnell / etwa 5 Tage haltbar

150 g weiche Butter
160 g Zucker
2 Eier, Größe L
160 g Mehl
60 g Grieß
1 Prise Salz

1 Backofen auf 200 °C Ober-/Unterhitze vorheizen. Pralinenkapseln oder Minimuffinformen aus Papier bereitstellen, davon am besten immer 2 Stück ineinanderstellen. Butter und Zucker schaumig schlagen und die Eier nacheinander einrühren.

2 Mehl, Grieß und Salz mischen und einarbeiten. Mit einem Teelöffel den Teig auf die Muffinformen verteilen. Muffins auf ein Backblech setzen und auf die mittlere Schiene in den Backofen schieben. 15 bis 20 Minuten backen, herausnehmen und abkühlen lassen.

Variante Überraschungsmuffins: In jede Form etwas Teig geben, ein kleines Stück Obst hineindrücken und mit etwas Teig abdecken. Mit Kirschen, Himbeeren oder Blaubeeren schmeckt das grandios. Ich habe auch schon Schokolade, Marshmallows, Nusskerne oder Marzipan in Muffins versteckt.

Schokolierte Früchte

für 450 g / ohne Backen / einfach / etwa 2 Monate haltbar

200 g Trockenfrüchte
nach Belieben (z. B.
Aprikosen, Pflaumen,
Birnen, Äpfel, Kirschen)

50 g Mandelblättchen
und/oder gehackte
Mandeln

200 g Schokolade
nach Belieben

1 Trockenfrüchte auf Zahnstocher stecken. Die Mandelblättchen auf einen Teller geben. Schokolade nach Anleitung temperieren (Seite 218).

2 Die Früchte in die Schokolade tauchen, vorsichtig abtropfen lassen oder abschütteln. Anschließend in den Mandelblättchen wälzen und zum Trocknen in eine Styroporplatte stecken.

Tipp Die Mandeln sind aromatischer und sehen besser aus, wenn sie vorher in einer Pfanne ohne Fett goldbraun geröstet werden. Außerdem können die Früchte auch nur halb in die Schokolade getaucht werden.

Varianten *Aromatisierte Schokolade:* 200 g temperierte Schokolade mit je ½ TL gemahlenem Zimt und Koriander, 1 TL Lebkuchengewürz oder 1 TL gemahlenem Chili aromatisieren. *Aromatisierte Früchte:* Die Früchte vor dem Schokolieren in passendem Likör (z. B. Aprikosen in Aprikosenlikör) einlegen: Dafür 200 g Früchte in etwa 80 ml Likör 1–2 Tage ziehen lassen. Vor dem Schokolieren vorsichtig schütteln, auf Küchenpapier legen und trocknen lassen.

Verpackungstipp Zum Verschenken können Sie verschiedenste Formen aus Styropor im Bastelladen kaufen. Diese mit Serviettenklebetechnik (Seite 215) bekleben oder in Geschenkpapier verpacken und die Spieße hineinstecken.

Zimtcracker

für 1 Blech / schnell / einfach / etwa 2 Monate haltbar

2 Eiweiß
100 g Puderzucker
1 Prise Salz
50 g flüssige Butter, etwas abgekühlt
100 g gemahlene Haselnusskerne
¼ TL gemahlener Zimt

1 Den Backofen auf 200 °C Ober-/Unterhitze vorheizen. Ein Backblech mit Backpapier belegen. Eiweiße mit Zucker und Salz mit den Rührbesen des Handrührgeräts halb steif schlagen. Die Butter in dünnem Strahl unterrühren, die gemahlenen Haselnusskerne und Zimt mit einem Spatel unterheben.

2 Die Masse dünn auf dem Backpapier verstreichen. Das Backblech auf die mittlere Schiene in den Backofen schieben und den Teig 10–12 Minuten backen. Herausnehmen, die Teigplatte abkühlen lassen und anschließend in Stücke brechen.

Tipp Die Cracker schmecken am besten schön kross und gebräunt: Damit auch die Mittelstücke schön knusprig werden, kann man die fertigen Cracker noch einmal kurz nachbacken.

Varianten *Kokoscracker:* 100 g Kokosflocken statt der Mandeln zum Teig geben.
Süße Cracker: 100 g Mandelstifte oder Mandelblättchen statt der Haselnusskerne zum Teig geben. Zimt weglassen.

Süße Kleinigkeiten

Choco-Crossie-Variationen

für etwa 40 Stück / ohne Backen / einfach / etwa 2 Monate haltbar

Grundrezept

300 g Schokolade,
70 % Kakaoanteil

einige Tropfen
Pfefferminzöl

150 g Cornflakes

50 g gehackte Mandeln,
geröstet

Schokolade nach Anleitung temperieren (Seite 218) und die übrigen Zutaten unterrühren, bis sie rundherum von der Schokolade bedeckt sind. Mit einem Teelöffel kleine Häufchen der Schokoladenmischung auf einen Bogen Backpapier setzen und bei Zimmertemperatur fest werden lassen.

Varianten
Nachstehend finden Sie die Zutaten für vier Varianten. Probieren Sie ruhig Ihre eigene Mischung aus. Hier ein paar Ideen, was noch unter die Schokolade gerührt werden kann: Pistazien, Trockenfrüchte, Espresso, gesalzene Erdnüsse, Bananen-, Apfelchips, Kürbiskerne. Der Fantasie sind kaum Grenzen gesetzt:

Vollmilch-Nuss-Crossies

300 g Vollmilchschokolade

1 TL Lebkuchengewürz

200 g ganze Mandeln, Haselnusskerne oder andere Nusskerne

Kirsch-Amaretto-Crossies

300 g weiße Schokolade

100 g getrocknete Kirschen

80 g Amarettini, grob zerbröselt

Krokant-Crossies

300 g Vollmilchschokolade

50 g Mandelblättchen

50 g Mandelstifte

100 g Marzipanrohmasse, gerieben

2 EL Krokantbrösel

Orangen-Marshmallow-Crossies

300 g Schokolade, 50–60 % Kakaoanteil

40 g Mini-Marshmallows

50 g Rice Crispies

abgeriebene Schale von ½ Bio-Orange

1 EL Grand Marnier

Salzmischungen sind etwas für den Koch, der schon alles hat. Mit diesen Mischungen überraschen Sie jeden Gourmet. Garantiert!

Salzmischungen

für jeweils 120 g / mit gemahlenen Zutaten schnell / einfach / etwa 6 Monate haltbar

Es gibt unterschiedliche Möglichkeiten, Salzmischungen herzustellen und die Gewürze dafür zu zerkleinern: mit einer Gewürzmühle, mit einer Kaffeemühle oder im Mörser. Ganze Samen sollten vor dem Zerkleinern in einer beschichteten Pfanne ohne Fett angeröstet werden. Das frische Rösten und Mahlen hat den Vorteil, dass sich die Aromen der Gewürze besser entfalten können und nicht so schnell verfliegen.

Wer es eilig hat, kann natürlich Gewürze in gemahlener Form kaufen. Dann können allerdings nicht alle Rezepte umgesetzt werden. Damit das Salz nicht klumpt, sollten die Zutaten vor dem Vermischen ganz trocken sein.

Limettensalz

100 g Meersalz

2 EL getrocknete Limettenschale

4 Stängel getrocknetes Zitronengras

1 getrocknete Chilischote

8 getrocknete Kaffir-Limettenblätter

Lavendelsalz

100 g Meersalz

2 TL Anissamen

2 TL Koriandersamen

2 TL Lavendelblüten

2 getrocknete Chilischoten

1 TL Fenchelsamen

1 TL getrocknetes Bohnenkraut

½ TL getrockneter Knoblauch

¼ TL gemahlener Ingwer

¼ TL gemahlene Vanille

Orangen-Minz-Salz

100 g Meersalz

2 EL abgeriebene, getrocknete Bio-Orangenschale

2 EL getrocknete Minzeblätter

1 kleine getrocknete Chilischote

1 EL schwarze Pfefferkörner

1 TL getrockneter Knoblauch

Steinpilzsalz

100 g Meersalz

15 g getrocknete Steinpilze

1 EL getrocknete Zwiebeln

1 TL getrockneter Knoblauch

1 TL edelsüßes Paprikapulver

¼ TL gemahlener Ingwer

je ¼ TL getrocknetes Bohnenkraut + Rosmarin

1 getrocknete Chilischote

Kräutersalz

100 g Meersalz

1 TL getrockneter Oregano

1 TL getrockneter Thymian

1 TL getrockneter Rosmarin

1 TL getrockneter Majoran

Vanillesalz mit Chili

100 g Meersalz

¼ TL gemahlene Vanille

3 getrocknete Chilischoten

1 TL getrockneter Knoblauch

1 Prise gemahlener Ingwer

Kaffeesalz

100 g Meersalz

1 gestrichener EL gemahlener Kaffee

¼ TL gemahlene Vanille

½ Zimtstange

½ TL schwarze Pfefferkörner

je 1 Prise gemahlene Muskatnuss, Gewürznelken, gemahlener Kardamom und Piment

Orientalisches Salz

100 g Meersalz

2 TL Koriandersamen

1 TL schwarze Pfefferkörner

1 getrocknete Chilischote

1 TL Kreuzkümmelsamen

1 Zimtstange

1 TL Zucker

2 EL getrocknete Rosenblätter

1 grüne Kardamomkapsel

Currysalz

100 g Meersalz

2 TL Koriandersamen

2 TL Kurkuma

2 TL schwarze Pfefferkörner

1 TL getrockneter Knoblauch

1 TL getrocknete Zwiebeln

1 TL Kreuzkümmelsamen

1 TL Bockshornkleesamen

½ TL gemahlener Ingwer

3 cm Zimtstange

½ TL Fenchelsamen

½ TL Anissamen

2 Gewürznelken

2 getrocknete Chilischoten

2 grüne Kardamomkapseln

Schweineöhrchen

für etwa 30 Stück / relativ schnell / einfach / etwa 1–2 Wochen haltbar

Originelle Mischungen

1 Rolle Fertig-Blätterteig (275 g)

40 g flüssige Butter

6 EL einer beliebigen Zuckermischung (Seite 198) oder 3 EL einer beliebigen Salzmischung (Seite 192)

1 Blätterteig ausrollen und quer halbieren. Beide Platten mit der flüssigen Butter bepinseln und mit der Zucker- oder Salzmischung bestreuen. Die Platten von der kürzeren Seite her zur Mitte hin aufrollen, sodass sich die beiden Rollen in der Mitte treffen. Den Teig für 30 Minuten in den Gefrierschrank legen, damit er sich besser schneiden lässt.

2 Den Backofen auf 180 °C Umluft vorheizen. Ein Backblech mit Backpapier belegen. Den Blätterteig mit einem Sägemesser in 1 cm dicke Scheiben schneiden und die Scheiben auf das Backpapier legen. Das Backblech auf die mittlere Schiene in den Backofen schieben und Schweinöhrchen in 12 Minuten goldbraun backen.

Tipp Um den Öhrchen einen schönen Glanz zu geben, kann man sie vor dem Backen mit Eigelb bepinseln. Ich mache das gerne bei der salzigen Variante. Die süßen Öhrchen mag ich ohne Glasur lieber, denn dann kann der Zucker besser karamellisieren.

Gewürzmischungen sind sehr schnell zusammengemischt. Voraussetzung ist ein gut gefüllter Vorratsschrank mit Einzelgewürzen und eine elektrische Kaffeemühle, eine Gewürzmühle oder eine Küchenmaschine.

Gewürzmischungen

für 1 Glas à 100 ml / *mit gemahlenen Zutaten schnell* / *einfach* / *etwa 6 Monate haltbar*

Gewürzsamen in einer beschichteten Pfanne ohne Fett anrösten und mit den restlichen Zutaten in einer elektrischen Kaffeemühle fein mahlen. (Eine Gewürzmühle oder Küchenmaschine eignet sich auch, jedoch ist bei solch kleinen Mengen eine Kaffeemühle praktischer.) Im Notfall tut es auch ein Mörser, das ist jedoch sehr mühsam, da die Gewürzsamen oft sehr hart und schwer zu zerkleinern sind.

Variante Die meisten Gewürze können natürlich in gemahlener Form gekauft werden, jedoch verlieren sie dann schneller ihr Aroma. Getrocknete Orangen- und Zitronenschalen, Ingwer oder getrocknete Kräuter kann man ebenfalls fertig kaufen. Es ist aber auch ganz einfach, die frischen Zutaten zu trocknen (Seite 219 ff.). Die gemahlenen Gewürze werden anschließend gemischt und in ein gut verschließbares Döschen gefüllt.

Garam Masala

2 EL Koriandersamen

1 EL Kreuzkümmelsamen

4 grüne Kardamomkapseln

1 EL frisch gemahlener schwarzer Pfeffer

12 Gewürznelken

1 TL Fenchelsamen

1 getrocknete Chilischote

2 Zimtstangen

2 Lorbeerblätter

Raz el Hanout

1 EL frisch gemahlener schwarzer Pfeffer

1 EL Langer Pfeffer (ersatzweise schwarzer Pfeffer)

1 TL frisch gemahlener weißer Pfeffer

1 TL Pimentkörner

1 TL gemahlener Kardamom oder 8 grüne Kardamomkapseln

1 TL Kreuzkümmelsamen

1 TL Schwarzkümmelsamen

1 TL Kurkuma

1 Messerspitze Muskatblüte (Macis)

1 Messerspitze gemahlene Muskatnuss

2 Zimtstangen

2 Gewürznelken

1 kleines Stück getrockneter Ingwer (oder ¼ TL gemahlener Ingwer)

Safrancurry

2 EL Koriandersamen

1 EL frisch gemahlener schwarzer Pfeffer

1 EL Kurkuma

2 TL gemahlener Kreuzkümmel

1½ TL gemahlener Ingwer

1½ TL gemahlener Kardamom

1 TL Cayennepfeffer

1 TL Safranfäden

½ TL getrocknete Zitronenschale

Mildes Allround-Curry

1 EL Koriandersamen

1 EL Kreuzkümmelsamen

1 TL schwarze Pfefferkörner

1 TL braune Senfkörner

1 TL Bockshornkleesamen

4 getrocknete Chilischoten

20 getrocknete Curryblätter

2 EL Kurkuma

½ TL gemahlene Muskatnuss

½ TL gemahlener Zimt

2 Gewürznelken

Lavendelcurry

3 EL Lavendelblüten

1 EL Koriandersamen

1 EL schwarze Pfefferkörner

1 TL schwarze Senfkörner

1 TL Bockshornkleesamen

1 TL gemahlener Kreuzkümmel

1 TL gemahlener Zimt

1 TL gemahlene Muskatblüte (Macis)

1 TL Fenchelsamen

¼ TL gemahlener Ingwer

4 Gewürznelken

Zitronengewürz

2 TL abgeriebene, getrocknete Bio-Zitronenschale

2 EL getrockneter Zitronenthymian

1 EL getrocknete Zitronenverbene

1 EL getrocknetes Zitronengras

1 Kaffir-Limettenblatt nach Belieben

Pilzgewürz

2 EL getrocknete Steinpilze (oder Mischpilze)

1 EL getrocknete Zwiebeln

1 TL getrockneter Knoblauch

1 TL getrocknetes Bohnenkraut

1 TL getrockneter Majoran

1 TL getrockneter Oregano

1 TL getrockneter Thymian

1 TL getrockneter Rosmarin

1 TL edelsüßes Paprikapulver

½ TL gemahlener Ingwer

½ TL gemahlener Koriander

1 getrocknete Chilischote

Lebkuchengewürz

3 TL gemahlener Zimt oder 3 Zimtstangen

1 TL Koriandersamen

1 TL abgeriebene, getrocknete Bio-Orangenschale

1 TL getrocknete Apfelschalen

¼ TL gemahlener Ingwer

¼ TL gemahlene Muskatnuss

¼ TL gemahlener Piment

¼ TL gemahlener Kardamom oder 3 grüne Kardamomkapseln

¼ TL gemahlene Gewürznelken oder 3 Gewürznelken

1 Prise gemahlene Vanille

1 Prise frisch gemahlener schwarzer Pfeffer

Quatre-Épices

7 TL frisch gemahlener schwarzer Pfeffer

1 TL gemahlene Muskatnuss

1 TL gemahlener Zimt

1 TL gemahlene Gewürznelken

Tex-Mex-Gewürz

2 EL Kreuzkümmelsamen

1 EL schwarze Pfefferkörner

1 EL weiße Pfefferkörner

1 EL Ceyennepfeffer

2 EL gemahlener Chili

1 EL rosenscharfes Paprikapulver

4 EL edelsüßes Paprikapulver

3 EL brauner Rohrzucker

1 EL getrockneter Oregano

2 EL Salz

Fischgewürz

1 TL Meersalz

1 TL Fenchelsamen

1 TL getrockneter Knoblauch

1 TL getrocknete Zwiebeln

1 TL gelbe Senfkörner

1 TL getrockneter Dill

½ TL gemahlener Ingwer

½ TL Pimentkörner

½ TL getrocknete Zitronenschale

1 Stängel getrocknetes Zitronengras

2 getrocknete Chilischoten

Aromatisierte Zuckermischungen schmecken sehr gut auf allerlei Süßspeisen wie Eis, Cremes oder auch Gebäck. Getränke wie Tee und Kaffee bekommen durch sie eine ganz besondere Note – oder probieren Sie doch mal eine Zuckermischung auf Brot oder Brötchen, das ist bei uns zurzeit sehr beliebt.

Zuckermischungen

jeweils 120 g / mit gemahlenen Zutaten schnell / einfach / etwa 6 Monate haltbar

Für das Mahlen der Zutaten gilt dasselbe wie für die Salzmischungen (Seite 192). Einfach alle gemahlenen Zutaten vermischen, in ein Glas geben und verschließen. Die Aufbewahrung erfolgt am besten im geschlossenen Glas an einem dunklen Ort. Der Zucker hat den Geschmack der Gewürze nach etwa zwei Wochen vollständig aufgenommen, daher sollten Zuckermischungen zum Verschenken möglichst rechtzeitig hergestellt oder mit einer Gebrauchsanweisung versehen werden.

Orientalischer Zuckertraum

100 g Zucker

1 gestrichener TL gemahlener Kardamom

1 gestrichener TL gemahlener Zimt

¼ TL gemahlene Gewürznelken

¼ TL gemahlener Piment

1 Messerspitze gemahlene Muskatnuss

1 Messerspitze gemahlene Vanille

Rosenzucker

100 g Zucker

3 EL getrocknete Rosenblätter

Weihnachtszucker

100 g Zucker

2 TL Lebkuchengewürz

2 EL Haselnusskrokant

Schoko-Bananen-Zucker

100 g Zucker

50 g Bananenchips

50 g Schokolade, 40 % Kakaoanteil

¼ TL gemahlene Vanille

Kaffeezucker

100 g Zucker

2 TL Kaffeepulver

½ TL gemahlene Vanille

½ TL gemahlener Zimt

1 Prise gemahlene Muskatnuss

Schoko-Chili-Zucker

100 g Zucker

3 EL Instant-Kakao-pulver, (30 g)

1 TL gemahlener Chili

¼ TL gemahlene Vanille

Apfel-Zimt-Zucker

100 g Zucker

Apfelschalen von 4 Äpfeln, getrocknet (22 g)

2 EL geröstete Mandeln (20 g)

Rosinen, noch mal getrocknet

1 TL gemahlener Zimt

Exotic-Zucker

100 g Zucker

2 EL Kokosflocken

50 g getrocknete Ananas

50 g getrocknete Mango

20 g getrocknete Kiwis (von 2 Kiwis)

2 TL abgeriebene, getrocknete Bio-Orangenschale

2 TL abgeriebene, getrocknete Bio-Zitronenschale

Ein tolles Geschenk für Milchreisfans und alle, die es werden wollen.
Da denkt keiner an ein Fertiggericht!

Milchreismischungen

für 2 Portionen / schnell / einfach / etwa 1 Jahr haltbar

Alle Zutaten gibt es fertig zu kaufen. Sie werden gut vermischt
und in eine kleine Tüte gefüllt. Kochanleitung nicht vergessen!

Lila Lavendelmischung

100 g Milchreis

50 g lila Zucker

20 g lila Zuckerperlen

6 g kandierte Lavendelblüten
(je nach Größe 3–5 Stück)

Rosa Rosenmischung

100 g Milchreis

50 g rosa Zucker

20 g rosa Zuckerperlen

6 g kandierte Rosenblüten
(je nach Größe 3–5 Stück)

**Lavendel-
Milchreismischung**

*Die kandierten Lavendelblüten
herausnehmen. Alle anderen
Zutaten mit 400 ml Milch in einen
Topf geben, auf den Herd stellen und
langsam unter ständigem Rühren
aufkochen. Den Herd ausschalten und
den Milchreis unter gelegentlichem
Rühren etwa 30 Minuten ziehen
lassen, bis er weich und cremig
ist. Milchreis auf Teller verteilen
und mit den Lavendelblüten
garnieren.*

**Rosen-
Milchreismischung**

*Die kandierten Rosenblüten
herausnehmen. Alle anderen
Zutaten mit 400 ml Milch in einen
Topf geben, auf den Herd stellen und
langsam unter ständigem Rühren
aufkochen. Den Herd ausschalten und
den Milchreis unter gelegentlichem
Rühren etwa 30 Minuten ziehen
lassen, bis er weich und cremig
ist. Milchreis auf Teller verteilen
und mit den Rosenblüten
garnieren.*

Originelle Mischungen

Backmischungen

Bei Backmischungen für Brot und Kuchen werden die trockenen Zutaten vermischt und hübsch verpackt. Das erspart dem Beschenkten das Einkaufen und sorgt für Nachschub im Vorratsschrank: Der Schokoladenkuchen hat mich schlichtweg begeistert, der Mohnkuchen ist ein toller Teekuchen, und der Rotweinkuchen schmeckt gut durchgezogen nach drei Tagen fast noch besser.

Korianderbrotmischung

für 1 Brot / schnell gemischt / einfach / etwa 6 Monate haltbar

Teigmischung:

60 g Muscovadozucker (oder feiner brauner Vollrohrzucker)

300 g Mehl

100 g Roggenmehl

1 EL Koriandersamen

1 TL Salz

7 g Trockenhefe

6 EL Haferflocken

1 Flasche Malzbier

Zucker, Mehl, Koriander, Salz, Hefe und 2 EL Haferflocken gut vermischen und in einer Tüte oder Dose schön verpacken. Die restlichen Haferflocken in ein Extratütchen geben und das Malzbier ebenfalls verpacken. Backanleitung dazulegen.

Korianderbrotmischung

1 Die Backmischung in eine große Rührschüssel geben, 270 ml Malzbier (ersatzweise Wasser) und 2 EL Olivenöl dazugeben. Alles mit der Küchenmaschine oder den Knethaken des Handrührgeräts 8 Minuten kneten.

2 Aus dem Teig eine Kugel formen, am besten auf einer bemehlten Arbeitsfläche. Kugel in die Schüssel legen, abdecken und 1 Stunde an einem warmen Ort gehen lassen. Der Teig sollte sein Volumen etwa verdoppeln.

3 Eine Kastenform à 25 cm Länge fetten. Den Teig noch einmal kurz durchkneten und eine Rolle in der Länge der Kastenform rollen. Die Teigrolle in 4 EL Haferflocken wälzen und in die Form geben. Weitere 20 Minuten gehen lassen. Den Backofen auf 200 °C Ober-/Unterhitze vorheizen. Ein Schüsselchen mit Wasser in den Ofen stellen, damit sich Dampf bildet und das Brot nicht austrocknet. Das Brot im vorgeheizten Backofen auf der mittleren Schiene 45 Minuten backen.

Kuchenmischungen

für 1 Kastenform / schnell gemischt / einfach / etwa 6 Monate haltbar

Schokoladenkuchen

Teigmischung:

100 g Amarettini

100 g Schokolade,
70 % Kakaoanteil

200 g Mehl

3 gestrichene TL
Backpulver

1 Prise Salz

40 g Kakao

¼ TL gemahlene Vanille

150 g Puderzucker

50 g gemahlene
Mandeln

Amarettini zerbröseln, Schokolade raspeln. Mehl, Backpulver, Salz, Kakao, Vanille und Puderzucker in eine Schüssel sieben. Mandeln, Amarettini und Schokolade dazugeben und alles gut verrühren. Die Mischung in eine hübsche Tüte geben und mit der Anleitung verpacken.

Schokoladenkuchen

Den Backofen auf 175 °C Ober-/Unterhitze vorheizen. 3 Eier, 125 ml Milch und 125 ml Sonnenblumenöl mit dem Schneebesen verquirlen und die Backmischung dazugeben. Alles gut verrühren und in eine gefettete Kastenform à 25 cm Länge füllen. Auf die mittlere Schiene in den Backofen schieben und 1 Stunde backen. Herausnehmen, 10 Minuten abkühlen lassen und aus der Form lösen. Der abgekühlte Kuchen kann nach Belieben mit Schokoladenglasur bestrichen oder mit Puderzucker bestäubt werden.

Backmischungen

Mohnkuchen

Teigmischung:

250 g Mehl

3 gestrichene TL Backpulver

1 Prise Salz

¼ TL gemahlene Vanille

150 g Puderzucker

abgeriebene Schale von 1 Bio-Zitrone

100 g gemahlener Mohn (ersatzweise ganzer Mohn)

Mehl, Backpulver, Salz, Vanille und Puderzucker in eine Schüssel sieben. Zitronenschale und Mohn dazugeben und alles gut verrühren. Die Mischung in eine hübsche Tüte geben und mit der Anleitung verpacken.

Mohnkuchen

Den Backofen auf 175 °C Ober-/Unterhitze vorheizen. 3 Eier, 125 ml Sonnenblumenöl und 200 g Sauerrahm mit dem Schneebesen verquirlen und die Backmischung dazugeben. Alles gut verrühren und in eine gefettete Kastenform à 25 cm Länge füllen. Auf die mittlere Schiene in den Backofen schieben und 1 Stunde backen. Herausnehmen, 10 Minuten abkühlen lassen und aus der Form lösen. Der abgekühlte Kuchen kann nach Belieben mit erwärmter Marmelade oder mit einer Zitronenglasur (Puderzucker mit Zitronensaft glatt rühren) bestrichen werden.

Rotweinkuchen

Teigmischung:

100 g Schokolade,
70 % Kakaoanteil

220 g Mehl

3 gestrichene TL
Backpulver

1 Prise Salz

1 TL Lebkuchengewürz

1 gestrichenen TL
gemahlener Zimt

¼ TL gemahlene Vanille

150 g Muscovadozucker
(oder feiner brauner
Rohrzucker)

100 g gemahlene
Haselnusskerne

Foto vorige Seite

Die Schokolade raspeln. Mehl, Backpulver, Salz, Lebkuchengewürz, Zimt, Vanille und Zucker in eine Schüssel sieben. Gemahlene Haselnusskerne und Schokolade dazugeben und alles gut verrühren. Die Mischung in eine hübsche Tüte geben und mit der Anleitung verpacken.

Tipp Die Kuchen können Sie natürlich auch selbst backen und fertig verschenken. Der Teig lässt sich auch in Muffinförmchen (Backzeit: 30 Minuten) verwenden.

Rotweinkuchen

Den Backofen auf 175 °C Ober-/Unterhitze vorheizen. 3 Eier, 125 ml Rotwein und 100 g flüssige Butter mit dem Schneebesen verquirlen und die Backmischung dazugeben. Alles gut verrühren und in eine gefettete Kastenform à 25 cm Länge füllen. Auf die mittlere Schiene in den Backofen schieben und 60 Minuten backen. Herausnehmen, 10 Minuten abkühlen lassen und aus der Form lösen.

Würzpasten sind raffinierte Küchenhelfer. Sie eignen sich als Würze beim Kochen, aber auch als Beilage, für Saucen und sogar als Brotaufstrich.

Cashewkernpaste

für 1 Glas à 300 ml / schnell / ziemlich einfach / etwa 2 Wochen haltbar

1 rote Zwiebel
1 rote Chilischote
200 g Cashewkerne
5 cm Ingwerwurzel
2 EL gehackter Koriander (ersatzweise glatte Petersilie)
2 EL frisch gepresster Limettensaft
1 TL Salz

1 Den Backofen auf 200 °C Ober-/Unterhitze vorheizen. Die Zwiebeln schälen und fein hacken. Von der Chilischote die Trennhäute und Kerne entfernen und klein schneiden. Cashewkerne auf ein Backblech geben, auf der mittleren Schiene in den Backofen schieben und 10 Minuten rösten.

2 Cashewkerne aus dem Ofen nehmen und etwas abkühlen lassen. Alle Zutaten in der Küchenmaschine, mit dem Pürierstab oder in einem großen Mörser zu einer Paste zermahlen. In sterile Twist-off-Gläser füllen.

Koriander-Minz-Paste

für 1 Glas à 125 ml / schnell / ziemlich einfach / etwa 2 Wochen haltbar

1 Schalotte
1 Knoblauchzehe
1 Bund frisches Koriandergrün
1 Bund frische Minze
1 grüne Chilischote
je ½ TL frisch geriebene Ingwerwurzel + gemahlener Kreuzkümmel + Salz
1 TL Zucker
1 EL Limettensaft

Die Schalotte und die Knoblauchzehen grob hacken. Die Blätter von Koriander und Minze sowie die Chilischote klein schneiden. Alle Zutaten in der Küchenmaschine oder in einem großen Mörser zu einer Paste zermahlen. In sterile Twist-off-Gläser füllen.

Tipp Koriander-Minz-Paste passt hervorragend zu Fleischgerichten und zu Gegrilltem. Für einen schmackhaften Dip 1 EL Paste mit 2–3 EL Jogurt vermischen.
Die Cashewkernpaste (oben) schmeckt super auf Brot, eignet sich als Kruste für Fisch und Geflügel und als Würze für gebratene Nudelgerichte.

Harissa-Paste

für 1 Glas à 125 ml / schnell / ziemlich einfach / etwa 3 Monate haltbar

60 g getrocknete
Chilischoten

1 TL Kümmelsamen

1 TL Koriandersamen

1 TL Kreuzkümmel-
samen

4 Knoblauchzehen

½ TL Salz

4 EL Olivenöl

1 Chilischoten 30 Minuten in kaltem Wasser einweichen und das Wasser anschließend abgießen. Die Gewürzsamen in einer beschichteten Pfanne ohne Fett anrösten, bis sie zu duften beginnen. Anschließen grob mahlen (Gewürz-, Kaffeemühle oder Mörser).

2 Chilischoten und Gewürze mit den anderen Zutaten in der Küchenmaschine oder in einem großen Mörser zu einer Paste zermahlen. In sterile Twist-off-Gläser füllen, mit dem Öl bedecken und verschließen.

Tipp Wer mag, kann außerdem ein paar gehackte Minzblätter oder auch ½ TL gemahlenen Ingwer zugeben. Die Paste kann sofort verwendet werden. Sparsam damit umgehen, sie ist sehr scharf! Nach der Verwendung immer wieder mit Olivenöl bedecken, dann hält sie sich länger.

Massaman-Currypaste

für 1 Glas à 250 ml / schnell / ziemlich einfach / etwa 2 Wochen haltbar

1 EL Koriandersamen

1 TL gemahlener
Kreuzkümmel

3 grüne Kardamom-
kapseln, zerstoßen

5 Gewürznelken

1 Muskatblüte (Macis)

6 große rote
Chilischoten

5 cm Ingwerwurzel,
gehackt

1 TL Salz

2 EL fein geschnit
tenes Zitronengras
(nur das Helle)

2 TL gehackte
Korianderwurzel

3 EL gehackte
Schalotten

4 EL gehackter
Knoblauch

2 EL gehackte,
geröstete Erdnusskerne

1 Koriander, Kreuzkümmel, Kardamom, Gewürznelken und Muskatblüte in einer beschichteten Pfanne ohne Fett anrösten, bis sie zu duften beginnen. Anschließend fein mahlen (Gewürz-, Kaffeemühle oder Mörser). Kerne und Trennhäute aus den Chili-schoten entfernen, mit dem Ingwer grob hacken.

2 Die gemahlenen Gewürze, Chili, Ingwer und die restlichen Zutaten in der Küchenmaschine, mit dem Pürierstab oder in einem großen Mörser zu einer Paste zermahlen. In sterile Twist-off-Gläser füllen und verschließen. Im Kühlschrank ist die Paste 2 Wochen haltbar. Nach der Verwendung immer wieder mit Olivenöl be-decken, dann hält sie sich wesentlich länger.

Tipp Massaman-Currygerichte werden vor allem im Süden Thai-lands und im Norden Malaysias gegessen. Sie haben eine rotbraune, kräftige Farbe und werden immer mit reichlich dicker Kokosmilch und Lorbeerblättern gekocht. Wer mag, gibt auch noch ein paar gehackte Erdnüsse dazu. Neben der scharfen Currypaste gehört unbedingt scharf angebratenes Rind-, Lamm- oder Hühnerfleisch in das Gericht sowie kleine Kartoffelstücke und Zwiebeln. Der Name des Gerichts verweist im Übrigen auf seinen muslimischen Ursprung, denn nichts anderes bedeutet der Name auf Thai.

Würzpasten

Grüne Currypaste

für 1 Glas à 250 ml / schnell / ziemlich einfach / etwa 2 Wochen haltbar

1 EL Koriandersamen

1 TL Kreuzkümmel-
samen

4 grüne Kardamom-
kapseln

4 Gewürznelken

3 cm Zimtstange

je 1 TL braune
Senfkörner +
schwarzer Pfeffer +
Salz + Kurkuma

7 grüne Chilischoten

5 cm Ingwerwurzel

4 Stängel Zitronengras

5 cm Korianderwurzel

3 Schalotten

6 Knoblauchzehen

1 TL Garnelenpaste

1 Koriander, Kreuzkümmel, Kardamom, Gewürznelken und Zimt in einer beschichteten Pfanne ohne Fett etwa 2 Minuten rösten, bis die Gewürze zu duften beginnen. Senfkörner, Pfeffer, Salz und Kurkuma zugeben und alle Gewürze fein mahlen (Gewürz- oder Kaffeemühle, Mörser). Kerne und Trennhäute entfernen und Chilischoten klein schneiden. Ingwer, Zitronengras (nur das Helle!), Korianderwurzel, Schalotten und Knoblauch schälen und fein hacken.

2 Die Gewürzmischung zusammen mit allen anderen Zutaten in der Küchenmaschine, mit dem Pürierstab oder in einem großen Mörser zu einer Paste zermahlen. In ein sauberes Glas füllen und verschließen. Im Kühlschrank ist die Paste 2 Wochen haltbar. Wenn man die Oberfläche nach Gebrauch mit Öl abdeckt, hält sie sich wesentlich länger.

Anhang

Beim Verschenken selbst gemachter Leckereien ist die Verpackung besonders wichtig. Es gibt wunderschöne Dosen, Kartons, Teller oder Schalen zu kaufen, jedoch verleiht eine Verpackung aus eigener Produktion dem Geschenk eine ganz persönliche Note und zeigt dem Beschenkten, wie sehr man ihn schätzt.

Bei Lebensmitteln erfordert die Verpackung zudem eine sorgfältige Auswahl – wegen der Haltbarkeit und weil manche Leckerei doch recht zerbrechlich ist. Dennoch gibt es unzählige Verpackungsmöglichkeiten, dabei sind der Fantasie keine Grenze gesetzt, und viele sind nicht besonders aufwendig. Schon der Einkauf im Supermarkt öffnet eine wahre Fundgrube. Viele Lebensmittel sind in Pappschachteln oder Dosen verpackt, die durch einfaches Bekleben aufgepeppt werden können. Obst findet man häufig in kleinen Holzschalen oder Körbchen, die – mit einer Schleife versehen – ebenfalls eine tolle Verpackung ergeben. Auch leere Joghurtbecher können beklebt, Konservendosen bemalt und Konfitüregläser mit ein paar Handgriffen dekorativ verziert werden.

Da ich bei der Arbeit an diesem Buch häufig in Zeitnot war (wie wahrscheinlich die meisten Menschen im Alltag), habe ich mich eher an die schnellen Varianten gehalten. Bei vielen Rezepten finden Sie Verpackungstipps für die jeweilige Leckerei. Diese Anregungen können selbstverständlich nach eigenem Geschmack variiert werden und gelten genauso für andere Rezepte.

Haben Sie Lust auf besondere Basteleien, lassen Sie sich in einem Bastelgeschäft inspirieren. Dort gibt es unzählige Ideen und Anregungen für das Gestalten von Verpackungen: Das reicht von Serviettentechniken und aufwendigen Mosaikarbeiten bis zu Pappmaschee-Skulpturen und verschiedensten Näh- oder Sticktechniken.

Wichtig ist eigentlich nur: immer die Augen offen halten und beispielsweise nicht gleich jede Umverpackung wegwerfen. Etiketten von hochwertiger Kleidung zum Beispiel, die oft sogar an hübschen Bändchen festgemacht sind, eignen sich zum Beschriften von Gläsern, mit Stoffresten lässt sich jedes Marmeladenglas aufwerten, und mit verschiedenen Schnüren, Schleifen oder sogar Wäscheklammern lassen sich Verpackungen originell dekorieren.

Die Natur bietet ebenfalls einen reichen Fundus: Blumen und Blüten sind immer toll, aber auch getrocknete Blätter oder Zweige machen sich meistens gut. Und auch der Vorrats- oder Gewürzschrank gibt so einiges her: Eine Zimtstange oder ein paar Sternanis um ein Glas binden, ein paar Erdnüsse auf eine Schnur fädeln und über das Glas hängen – schon hat das Geschenk eine individuelle Note. Probieren Sie einfach aus, was zu Ihrem persönlichen Stil am besten passt und Ihnen am meisten Spaß macht!

Serviettenklebetechnik

Eine ganz einfache Sache mit wunderschönem und schnellem Ergebnis: Sie brauchen dafür nur hübsche und originelle Servietten. Kaufen Sie ein oder zwei Packungen, wenn Sie ein Muster sehen, das Ihnen gefällt, dann haben Sie immer einen Vorrat zu Hause. Zum Bekleben eigenen sich alle Dinge mit hellem Untergrund, weil der durch das dünne Papier durchscheint, z. B. kleine Dosen, Brettchen, Tabletts oder Pappschalen.

So geht's: Zuerst die oberste Schicht einer Serviette abziehen. Die Verpackung, die beklebt werden soll, mit Leim aus dem Bastelgeschäft einpinseln. Dann die Serviette auflegen und etwas andrücken. Es muss dabei nicht einmal unbedingt ordentlich oder gerade gearbeitet werden, denn kleine Falten sehen sehr schön aus. Die Serviette kann auch in Stücke gefetzt und die kleinen Teile einzeln aufgeklebt werden. So entsteht ein hübsches Mosaik. Dann alles trocknen lassen, das dauert vielleicht 30 Minuten. Wer das beklebte Objekt richtig haltbar machen möchte, kann es am Schluss mit einem farblosen Lack überziehen.

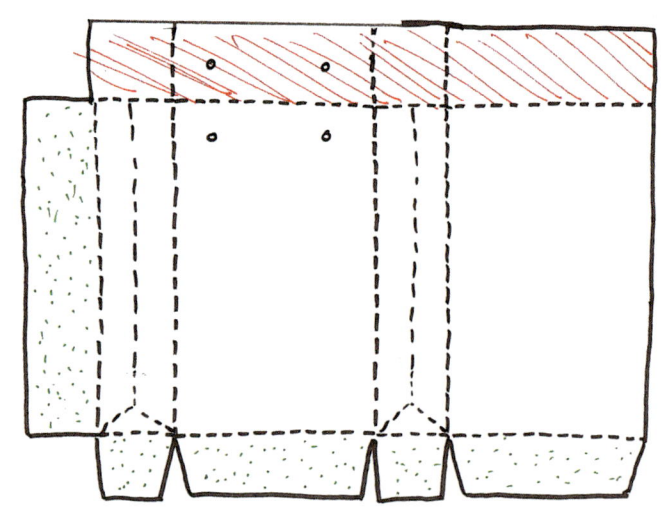

Tüten falten

Das Tütenfalten ist nicht ganz so einfach wie die Serviettenklebetechnik, aber eine ziemlich schnelle Angelegenheit. Ich finde es am einfachsten, wenn ich mir eine Vorlage aus einer alten Tüte bastele. Dafür falte ich die Tüte auseinander und zeichne die Umrisse auf ein schönes Papier meiner Wahl, schneide die Vorlage aus und falte das Papier genauso zusammen wie die alte Tüte. So entstanden auch die Verpackungen für Fertiggerichte und Tütensuppen (Seite 178–181). Als Beispiel finden Sie rechts den Grundriss für die Tüten oben.

 nach innen einschlagen

 Boden / Seite zusammenkleben

 Linien falten

Schokolade temperieren

Um Kekse oder Pralinen mit flüssiger Schokolade zu überziehen oder zu verzieren, genügt es nicht, die Schokolade zu schmelzen. Da Schokolade aus vier verschiedenen Kristallen besteht, die bei unterschiedlicher

Temperatur hart werden, müssen diese Kristalle erst deaktiviert werden und letztendlich zu einem Kristall werden. Erst dann bekommt die Schokolade Glanz, eine feine Struktur und wird knusprig und hart. Dazu muss die Schokolade erst erwärmt und anschließend wieder abgekühlt werden. Diesen Vorgang nennt man temperieren. Die genaue Temperatur spielt hierbei eine

wichtige Rolle, man sollte deshalb mit einem Küchenthermometer arbeiten.

Drei Viertel der Schokoladenmenge werden zunächst über einem Wasserbad geschmolzen. Dafür gibt man die Schokolade (gehackt, geraspelt oder gemahlen) in eine Metallschüssel, die man auf einen Topf mit etwas Wasser stellt. Das Wasser wird erwärmt, es sollte nicht kochen und die Schüssel nicht berühren, sonst wird die Schokolade zu heiß.

Bei gleichmäßigem Rühren wird die Schokoladenmasse auf eine Temperatur von 45–50 °C gebracht. Nun gibt man den Rest der Schokolade hinzu und schmilzt diesen unter Rühren in der warmen Schokoladenmasse, bis die richtige Endtemperatur zum Verarbeiten erreicht ist. Bei dunkler Schokolade sollten es 32 °C sein, bei Vollmilchschokolade 31 °C und bei weißer Schokolade 29 °C. Das Rühren ist sehr wichtig, damit die Masse geschmeidig wird.

Als Test kann man ein bisschen Schokolade auf Backpapier tropfen oder streichen. Sie müsste nach 2 Minuten fest werden und schön glänzen. Wenn sie das nicht tut, ist sie zu warm oder zu kalt. Entweder gibt man dann etwas feste Schokolade hinzu oder erwärmt die Schokomasse noch ein wenig über dem Wasserbad.

Ist nach dem Überziehen von Keksen oder Pralinen Schokolade übrig, kann diese problemlos ein zweites Mal zum Temperieren verwendet werden.

Pralinen überziehen

Um Pralinen mit Schokolade zu überziehen, verwendet man am besten eine Pralinengabel. Im Notfall geht es auch mit einer gewöhnlichen Gabel, die jedoch mit ihren Zinken unschöne Löcher zurücklässt. Die Praline wird immer an der Unterseite aufgespießt, in die Schokolade getaucht und anschließend vorsichtig geschüttelt, damit der Überzug nicht zu dick wird. Anschließend auf Backpapier setzen und fest werden lassen. Ist die Temperatur der Schokolade genau richtig, dauert dies etwa 2 Minuten.

Wollen Sie überzogene Pralinen anschließend verzieren, beispielsweise mit Nüssen oder Zuckerstreuseln, muss das sofort bei jeder einzelnen Praline geschehen, damit die Schokolade noch nicht fest ist und die Verzierung haften bleibt.

Spritzbeutel

Im Handel kann man Spritzbeutel mit jeder Tüllengröße bekommen. In vielen Supermärkten gibt es auch Einweg-Spritzbeutel mit drei Tüllengrößen. Man kann sich ebenso gut selbst einen Spritzbeutel machen, indem man bei einem Gefrierbeutel eine winzige

Ecke abschneidet. Die Größe des Lochs sollte der Tüllengröße entsprechen. Wird nun Teig oder eine beliebige Spritzmasse in den Beutel gefüllt, kann diese einfach durch das Loch auf das Gebäck gespritzt werden.

Obst und Gemüse trocknen

Das Trocknen von Obst und Gemüse schien mir immer ziemlich mühsam und kompliziert zu sein. Da ich für dieses Buch viele Möglichkeiten des Haltbarmachens ausprobieren wollte, habe ich mich an dieses Thema herangetastet. Und siehe da – schon nach kurzer Zeit ist das Trocknen und das Verarbeiten von Getrocknetem zu einer meiner Lieblingsbeschäftigungen geworden. Die kältesten Tage des letzten Winters fielen in die Anfangszeit meiner Experimente – und unsere Heizungen liefen auf Hochtouren. So habe ich einfach klein geschnittenes Gemüse und Obst auf die Heizung gelegt. Und schon am nächsten Morgen waren die meisten Sachen getrocknet, sahen wunderschön aus, und unser Wohnzimmer duftete aromatisch. Der Duft war natürlich bei Ananas oder Erdbeeren himmlisch, bei Zwiebeln und Knoblauch allerdings eher gewöhnungsbedürftig!

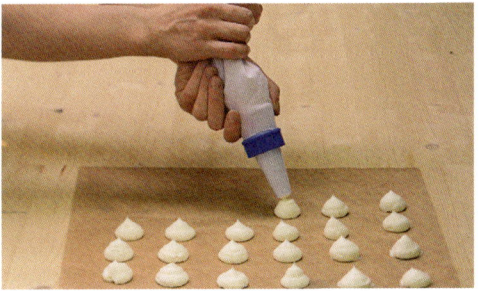

Dann probierte ich, fast alles zu trocknen, was der Markt so an Gemüse und Obst hergab. Alle Heizkörper im Haus waren mit Blechen voller Leckereien bestückt.

Nachdem ich eine ansehnliche Sammlung an Trockengut hatte, begannen meine Versuche, und ich erzielte die tollsten Ergebnisse. Ich lege Ihnen das Trocknen wirklich ans Herz, weil es vielseitig ist und wenig Aufwand erfordert, lediglich etwas Zeit. Getrocknetes lässt sich vielseitig einsetzen, und es hält sich – kühl und dunkel aufbewahrt – mindestens 12 Monate.

Und so geht es: Für das Trocknen auf dem Heizkörper ein Backblech (am besten ein Pizzablech mit Löchern oder einen feinmaschigen Grillrost) mit Backpapier belegen und die Früchte oder das Gemüse in dünnen Scheiben darauf verteilen. Wenn sie sich berühren, kleben sie später aneinander. Sie können sie aber auch bewusst leicht überlappend hinlegen und so eine große Platte, beispielsweise von Apfelscheiben, erhalten.

Je dünner oder kleiner das Gemüse oder Obst geschnitten ist, umso schneller trocknet es. Ich schneide die Scheiben gern mit der Brotschneidemaschine, so werden sie schön gleichmäßig. Man kann auch ganze Himbeeren oder Blaubeeren trocknen, es dauert nur etwas länger. Wenn ich zum Beispiel die Zutaten für die Tütensuppen (Seite 178–181) trockne, schneide ich sie schon vorher in die richtige Größe.

Früchte oder Gemüse sind fertig, wenn die Scheiben beim Umbiegen brechen. Das Trockengut am besten in fest verschließbaren Dosen lagern.

Im Sommer kann in der Sonne getrocknet werden. Das funktioniert nur an warmen Sommertagen, an denen die Luftfeuchtigkeit nicht allzu hoch ist. Das Trockengut dazu einfach in die Sonne legen.

Im Backofen geht das Ganze etwas schneller. Das Trockengut wird bei geringer Temperatur (50–70 °C Umluft) getrocknet. Diese Art des

Trocknens verbraucht viel Energie, deshalb sollte man sie nur nutzen, wenn einem die Wetterverhältnisse keine andere Wahl lassen. Außerdem sind die Temperaturen auf der Heizung oder in der Sonne geringer – der Trockenprozess ist schonender, sodass weniger Vitamine verloren gehen.

Gläser vorbereiten

Damit Marmelade, Chutney und Co. auch wirklich haltbar bleiben und nicht verderben, sind einige Regeln zu beachten: Ganz wichtig ist Sauberkeit. Gläser und Flaschen müssen vor dem Abfüllen gründlich gereinigt und sterilisiert werden.

Zuerst werden Gläser und Deckel in der Spülmaschine oder per Hand gespült. Anschließen sterilisiert man sie entweder 10 Minuten bei 150 °C im Backofen oder in einem großen Topf mit kochendem Wasser. Das Kochgut wird direkt in die noch heißen Gläser gefüllt, mit dem Deckel fest verschlossen und, wenn nicht anders angegeben, für 10 Minuten auf den Kopf gestellt. Anschließend wieder umdrehen, auskühlen lassen und mit einem Etikett beschriften. Am besten eignen sich Twist-off-Gläser, Sie können aber auch Weck-Gläser oder Einkochgläser nehmen.

Haltbarkeit und Aufbewahrung

Alle Haltbarkeitsangaben gelten für kühle, dunkle und trockene Aufbewahrung und fest verschlossene Gläser oder Dosen. Geschenke aus frischen Zutaten gehören in den Kühlschrank (z. B. Pralinen und Brotaufstriche). Kekse und Backwaren werden am besten in Blechdosen gelagert, alles andere in geeigneten Gläsern. Gläser für Eingemachtes sollten vor der Verwendung sterilisiert werden (siehe oben).

Register

Die Autorin

Annik Wecker, die Frau des Musikers Konstantin Wecker, ist seit ihrer Jugend begeisterte Bäckerin. Über die Jahre hinweg hat sie eine Vielzahl kreativer Rezepte entwickelt.

Ihr erstes Buch *Anniks göttliche Kuchen* wurde zum Bestseller und 2010 mit dem Gourmand World Cookbook Award als bestes erstes Kochbuch/Deutschland ausgezeichnet. Auch ihr zweites Buch *Raffinierte Tartes*, das sie zusammen mit Alfons Schuhbeck verfasste, begeistert mit originellen und köstlichen Rezepten.

Mit Dank an:

Meinen Mann für das Erdulden der Wohnzimmer- und Flügelbelagerung und vor allem seine Begeisterung für alle Ideen und Rezepte; Nostalgie im Kinderzimmer und Angela Schelling für das unkomplizierte Ausleihen vieler Dekoartikel (www.nostalgieimkinderzimmer.de); Sandra für Fotounterricht und fürs Freundinsein; Sopho, meine größte Hilfe bei wirklich allem; Monika, Gerlinde und Alfons, die mir so viel beigebracht haben; Alexander und Matthias fürs Resteverwerten und entspannende Weintrinken; Monika für ihr Vertrauen und ihren Enthusiasmus; Ulli, mein Model, Fotobetrachterin und Testerin; Sabine für das Testen und den Bericht darüber; meine Söhne, für die ich im letzten Jahr viel zu wenig Zeit hatte.

Annik Weckers Internetadresse: www.annik.de

DORLING KINDERSLEY
London, New York, Melbourne, München und Delhi

Bibliografische Information Der Deutschen Bibliothek
Die Deutsche Bibliothek verzeichnet diese Publikation in der Deutschen Nationalbibliografie; detaillierte bibliografische Daten sind im Internet über http://dnb.ddb.de abrufbar.
4. Auflage, 2011
© Dorling Kindersley Verlag GmbH, München, 2010

Programmleitung Monika Schlitzer
Herstellungsleitung Dorothee Whittaker
Text und Fotografie Annik Wecker
Redaktion und Lektorat Claudia Krader, München
Art-Direktion und Realisierung Catherine Avak, München
Repro Repro Ludwig Prepress & Multimedia GmbH, Zell am See
Druck und Bindung Firmengruppe Appl, Wemding

ISBN 978-3-8310-1726-3

Besuchen Sie uns im Internet
www.dorlingkindersley.de